Oldenbourg Interpretation
Band 65

Oldenbourg Interpretationen
Herausgegeben von
Klaus-Michael Bogdal und Clemens Kammler

begründet von
Rupert Hirschenauer (†) und Albrecht Weber

Band 65

Ödön von Horváth

Jugend ohne Gott

Interpretation von
Ulrich Schlemmer

Oldenbourg

Die Seitenzahlen in Klammern beziehen sich auf folgende Ausgabe: Ödön von Horváth, Gesammelte Werke. 15 Bde. Hrsg. von T. Krischke, Frankfurt a. M. 1983 ff. u. ö., Band 13: Jugend ohne Gott (suhrkamp taschenbuch 1063)
Zitate sind halbfett gekennzeichnet.

Die Deutsche Bibliothek – CIP-Einheitsaufnahme
Schlemmer, Ulrich:
Ödön von Horváth, Jugend ohne Gott:
Interpretation/von Ulrich Schlemmer. – 2., überarb. u. korr. Aufl. – München: Oldenbourg, 1993
(Oldenbourg Interpretationen; Bd. 65)
ISBN 3-486-88664-9
NE: GT

Bei Zitaten, Literaturangaben und Materialien im Anhang ist die neue Rechtschreibung noch nicht berücksichtigt.

2., überarbeitete und korrigierte Auflage in der neuen Rechtschreibung 1997
Unveränderter Nachdruck 01 00 99 98 97
Die letzte Zahl bezeichnet das Jahr des Drucks.

Lektorat: Ruth Bornefeld, München
Herstellung: Karina Hack, München
Typografisches Gesamtkonzept: Gorbach GmbH, Buchendorf
Umschlagkonzeption: Mendell & Oberer, München
Gesamtherstellung: Wagner GmbH, Nördlingen

ISBN: 3-486-**88664**-9

Inhalt

Vorwort

Was ist das für eine Generation? Eine harte oder nur eine rohe? könnte man sich angesichts der gewalttätigen Ereignisse in den Auseinandersetzungen um das Asylrecht fragen. Mit dem rasanten politischen Wandel in Mittel- und Osteuropa hat sich das soziale Klima in den betroffenen Ländern deutlich verändert, nicht nur in Deutschland. Was viele, besonders auf dem Hintergrund der Bemühungen um ein vereintes Europa und die weltweite Durchsetzung der Menschenrechte, schon für endgültig begraben wähnten, kam plötzlich und vehement wieder zum Vorschein: ein sich gewalttätig gebärdender Nationalismus und eine zunehmend aggressive Einstellung gegenüber allem Andersartigen und Fremden. HORVÁTHS Erzähler verurteilt solche Verhaltensweisen radikal: **Was uns nicht gut tut, ist Unrecht. Also ist alles erlaubt: Mord, Raub, Brandstiftung, Meineid [. . .] Es gibt überhaupt keine Untaten mehr. [. . .] Was ist das? Der Standpunkt des Verbrechers.** Die Gedanken von HORVÁTHS Erzähler erhalten auf dem Hintergrund dieser Ereignisse eine im wörtlichen Sinne erschreckend brandaktuelle Bedeutung. Doch bei aller Tagesaktualität, die sich hoffentlich bald wieder verliert, bleibt das Grundproblem bestehen und muss immer neu gelöst werden. Es geht um den Umgang der Menschen und Nationen miteinander und um die Auseinandersetzung mit fremden Kulturen und Lebensformen sowie um die Achtung und den Schutz der Menschenrechte.

Der vorliegende Band richtet sich besonders an Deutschlehrer, die in den Klassen von 10 an aufwärts unterrichten. Die Lektüre und die Auseinandersetzung mit HORVÁTHS Roman kann Aufklärungsarbeit leisten und Problembewusstsein schaffen. Selbst wenn man HORVÁTHS *Lösung* nicht akzeptieren kann und die religiöse Thematik als übergewichtet ansieht, wird jede ernsthafte Diskussion mit jungen Menschen über den Romaninhalt – und sei sie noch so kontrovers geführt – erhellend und bewusstseinsschärfend wirken.

Immer noch wird HORVÁTH in besonderem Maße als Bühnenautor rezipiert. Trotzdem hat inzwischen auch die wissenschaftliche Auseinandersetzung mit seinem Prosawerk einen beträchtlichen Umfang erreicht. Dies gilt auch für seinen Roman *JUGEND OHNE GOTT*, wobei sich die Mehrzahl der Untersuchungen einzelnen Aspekten zuwendet. Umfassendere Interpretationen gibt es nur wenige. Ein besonderer Schwerpunkt dieser Arbeit ist es deshalb, die verschiedenen Ansätze der Forschungsliteratur in knapper Form zusammenzuführen. Sie fügt neue Aspekte und Gedanken hinzu, vertieft andere und kommt so zu einer Gesamtinterpretation des Romans. Mit der Absicht eine Einführung zu bieten und einen Überblick zu verschaffen will der Band auch Studierende im Grundstudium ansprechen. Speziell an Lehrerinnen und Lehrer wendet sich der didaktische Teil, der sich als Angebot und Anregung versteht und keinesfalls einengen soll.

1 Entstehungsgeschichte

Mit der Machtergreifung der Nationalsozialisten im Januar 1933 sind HORVÁTH die deutschen Bühnen verschlossen und er ist einer wichtigen Existenzgrundlage beraubt. Besonders schwer wiegt für ihn der Verlust des **Podiums Berlin.**[1] Zwei geplante Aufführungen, darunter die Uraufführung von *GLAUBE LIEBE HOFFNUNG*, müssen abgesetzt werden. HORVÁTH reist aus Berlin ab und geht nach Murnau. Als dort das Haus seiner Eltern von der SA durchsucht wird, verlässt er Deutschland und flieht über die nahe Grenze nach Österreich. Abwechselnd hält er sich in Salzburg und Wien auf, in Budapest lässt er seine ungarische Staatsangehörigkeit erneuern. Anfang des Jahres 1934 kehrt er nach Berlin zurück, weil er hofft dort arbeiten zu können. Da er aber in Deutschland eine unerwünschte Person ist, muss er bald wieder abreisen. Um seine ungarische Staatsbürgerschaft zu sichern geht er wieder nach Budapest, ist aber zeitweise auch in Wien. Seine finanzielle Situation verschlechtert sich schnell und 1936 siedelt er nach Henndorf bei Salzburg um, wo er sehr intensiv arbeitet. Allein fünf Theaterstücke werden in diesem Jahr fertig gestellt.[2] In Henndorf beendet HORVÁTH 1937 auch seine zwei letzten Romane innerhalb weniger Wochen. Ein Grund dafür ist sicher seine finanzielle Lage. Eine Äußerung kurz nach der Fertigstellung von *JUGEND OHNE GOTT* Ende Juli/Anfang August 1937 belegt dies. **Ich muss dies Buch (*EIN KIND UNSERER ZEIT*) schreiben. Es eilt, es eilt! Ich habe keine Zeit, dicke Bücher zu lesen, denn ich bin arm und muß arbeiten, um Geld zu verdienen, um essen zu können, zu schlafen. Auch ich bin nur ein Kind meiner Zeit.**[3]

HORVÁTH greift für seinen Roman *JUGEND OHNE GOTT* auf ein Dramenfragment zurück, das frühestens 1934 entstanden ist. Sein Titel: *DER LENZ IST DA! FRÜHLINGSERWACHEN IN UNSERER ZEIT*. Es hat die Konfrontation einer Jugendbande in einer ärmlichen bäuerlichen Gegend mit einer städtischen Schulklasse zum Inhalt und es kommt darin auch eine Mädchenklasse mit ihrer Lehrerin vor. Ulf Birbaumer hat Motivparallelen zwischen Fragment und Roman untersucht.[4] Man kann das Fragment als eine dialogisierte Vorstufe zum Roman ansehen. Jedoch gibt es nur für den ersten Akt genauere Angaben, nämlich zu den bereits ausgeführten Bildern 1, 2, 3 und 4; die Akte 2 bis 4 sind nur skizzenhaft angelegt.[5] Birbaumer sieht drei Motivgruppen, die beide Texte beherrschen und ihre Verwandtschaft unterstreichen, und zwar:

1. Hinweise auf einen militaristisch-autoritären Staat, mit Merkmalen wie Sport als Wehrertüchtigung oder Räuber-und-Gendarm-Spiele im Dienste der Erziehung zum Krieg; und zwar für beiderlei Geschlecht;
2. Liebe als zentrales Motiv;
3. Ökonomie und Soziales, und damit verbunden sozialkritische Elemente.

Der Textband von *Jugend ohne Gott* als Band 13 der KWA enthält im Anhang wichtige Materialien zur Entstehung und Überlieferung des Romans.[6] Danach sind erste Entwürfe zu einem Roman mit dem Titel *Auf der Suche nach den Idealen der Menschheit* datierbar auf das Jahr 1935. Es ist in diesen Skizzen die Rede von einem Lehrer, vom Radio und von einem *Brief an die neue Regierung – Von einem unbekannten Dichter.* Der Erzähler ist bereits als Tagebuch führender Ich-Erzähler skizziert. Eine Passage der Entwürfe klingt wie ein Vorwort, das den Roman kennzeichnet **als ein Buch gegen die geistigen Analphabeten,** als **ein Buch für die Jugend, die heute bereits wieder ganz anders aussieht** [...][7]. Erstmals von anderer Seite erwähnt wird der Roman in einem Brief Franz Theodor Csokors an Ferdinand Bruckner vom 29. 1. 1937: **Jetzt plant er (Horváth) einen Roman über die Jugend unserer Zeit, die er gegenüber unseren Vätern als durchaus reaktionäre Jugend ansieht.**[8] Die eigentliche Niederschrift des Romans erfolgt dann im Wesentlichen in der kurzen Zeit von zwei Wochen in der zweiten Julihälfte 1937 in Henndorf bei Salzburg. Dort hält sich Horváth seit 10. Juli 1937 auf. Am 5. August, so berichtet Csokor aus Henndorf, **arbeitet Horváth bereits an einem neuen Roman, den er *Ein Kind unserer Zeit* nennen will.**[9]

Vom 10. bis 13. September 1937 ist Horváth in Amsterdam beim Allert de Lange Verlag, der genaue Zweck des Besuchs ist allerdings nicht bekannt. Aber seit dem 13. Juli bestand ein Vertrag mit dem Verlag, der die Abgabe eines Romanmanuskriptes bis 1. Dezember 1937 vorsah. Am 26. Oktober 1937 schreibt Horváth aus Henndorf an Csokor: **[...] hast Du meine Karte erhalten! Und das Buch? Heute wirds versand!**[10]; am 28. November 1937 erscheint in der Basler Nationalzeitung eine Rezension Csokors unter dem Titel *Ein Buch von morgen.*[11] Doch bereits ab 7. März 1938 wird es in Deutschland verboten. Am 16. März 1938 emigriert Horváth von Wien nach Budapest und trifft am 28. Mai in Paris ein. Dort hat er neben Verlegern am 1. Juni auch den Filmregisseur Robert Siodmak getroffen um mit ihm über eine Verfilmung von *Jugend ohne Gott* zu sprechen. Auf dem Heimweg von dieser Besprechung ereilt Horváth dann der tödliche Unfall. Das Typoskript, das der Erstausgabe zugrunde lag, gilt nach Krischke als verschollen, doch kann man die Authentizität aufgrund der Erstausgabe als gesichert ansehen.[12]

2 Forschungsstand und Rezeptionsgeschichte

2.1 Forschungsstand

Traugott Krischkes jüngster Forschungsbericht in ***Literatur und Kritik***[13] hält den Forschungsstand bis Herbst 1988 fest und verweist gleichzeitig auf wichtige, noch unbearbeitete Forschungsfelder. Aufgaben für eine zukünftige Horváth-Forschung sieht er z.B. in einer neuen Edition des bisher aufgefundenen Briefnachlasses und in einer genaueren Beschäftigung mit den Drehbucharbeiten Horváths für den Film. Als weiteren Fortschritt der Horváth-Forschung darf man die inzwischen vorliegende, von Krischke herausgegebene Kommentierte Werkausgabe in Einzelbänden des Suhrkamp-Verlages ansehen. Der 13. Band dieser Ausgabe, *Jugend ohne Gott*, bildet auch die Textgrundlage dieser Arbeit. Die seit 1981 ebenfalls von Krischke herausgegebenen Materialienbände decken inzwischen die beiden Hauptteile von Horváths Werk – seine Prosa und seine Stücke – mit wichtigen Veröffentlichungen zu verschiedenen Aspekten seines Werkes vollständig ab. Einzelnen Werken sind eigene Materialienbände gewidmet, so auch dem Roman *Jugend ohne Gott*.[14] Der Band enthält insgesamt elf Beiträge zu unterschiedlichen Aspekten des Romans, dazu kommen Dokumente und eine Auswahlbibliografie auf dem Stand von 1984. Die Beiträge repräsentieren wichtige Forschungsergebnisse aus den Jahren 1979–1984. Die jüngste umfassende Arbeit zu JoG stammt aus dem Jahre 1986 von Brigitte Röttger.[15]

2.2 Interpretationsansätze

B. Röttger wendet sich in und mit ihrer Arbeit gegen den immer wieder erhobenen Vorwurf an Horváth und seine beiden letzten Romane, er habe sein sozialkritisches Engagement aufgegeben und sich resignativ in die eigene Innerlichkeit zurückgezogen oder sei in moralisch-religiöse Fragen ausgewichen. Dazu unterwirft sie den Roman in einem ersten Durchgang einer Analyse anhand strukturalistischer Kategorien J. M. Lotmans. Ein zweiter Durchgang arbeitet dann die *Eigenheiten* des Textes heraus. Darunter versteht B. Röttger vor allem die Situierung und kommentierende Spiegelung der Romanhandlung durch Verweise auf psychoanalytische und philosophische Referenzrahmen wie z.B. Freud, Nietzsche, Pascal oder antike Philosophen. Horváth dimensioniere durch diese Spiegelungstechnik Zeit- und Faschismuskritik in besonderer Weise. Für Röttger stellt Horváths Faschismusikritik eine Verschärfung der Mittelstandskritik seiner Volksstücke dar. Horváth ist für Röttger in seiner synchronen wie diachronen Faschismuskritik auf der Höhe der Zeit.[16]

Am wirkungsästhetischen Ansatz Isers orientiert sich die Arbeit Franz Kadrnoskas, welche besonders die sozial- und ideologiekritische Bedeutung von Horváths Roman untersucht.[17] Zwischen Text (als Fiktion) und der Wirklichkeit besteht nach Iser ein Mitteilungsverhältnis. Dadurch, dass der Leser beim Lesen das Textpotenzial aufgrund eigener Erfahrungen aktualisiert, wird für ihn die eigene Erfahrungsgeschichte erst überprüfbar. Besondere Bedeutung misst Kadrnoska bei seiner Analyse der fiktionalen Sprache zu, da sich für ihn Horváths Ideologiekritik unmittelbar in Sprachkritik zeigt. Auch der feststellbar zunehmende religiöse Symbolgehalt der Sprache des Romans ist dabei Ausdruck von Horváths kritischer Absicht. Für Horváth fördert die Zensur die Bildbegabung des Schriftstellers, ja aus der Zensur entsteht das Symbol.[18] Ein von Horváth verwendetes Verfahren der literarischen Vermittlung, das nach Kadrnoska besondere Beachtung verdient, ist der historische Vergleich, wie ihn z.B. der Schuldirektor und der Lehrer zwischen einer bestimmten Epoche der römischen Geschichte und den eigenen Zeitumständen anstellen. Dadurch könne Geschichte zu einem modellhaften Aufriss für Wirklichkeitsbezug werden und zu einer Kategorie des diskursiven Denkens. Der Text gebe dabei dem Leser ein Erkenntnismodell an die Hand.[19]

Ausgehend von der Feststellung, wie unterschiedlich Horváths Roman von der zeitgenössischen Kritik, insbesondere in den Nachbarländern des damaligen Dritten Reiches, rezipiert wurde, wendet sich Wolf Kaiser[20] der Frage zu, ob JoG als antifaschistische Literatur des Exils einzuordnen sei. Antifaschistisch ist dabei für ihn eine Literatur, **die geeignet ist, Widerstand gegen den Faschismus zu fördern.**[21] Die größte Bedeutung der Exilliteratur sieht Kaiser in deren Aufklärungsintention. In dieser Hinsicht bleibt der Roman für ihn hinter der zeitgenössischen, politischen Realität in Deutschland zurück. In der Darstellung der Jugend und ihrer ideologischen Beeinflussung durch den Faschismus erreicht der Roman für Kaiser große Genauigkeit und Intensität. Dennoch ist für ihn die Frage, ob im Roman Hitler-Deutschland dargestellt ist oder ein beliebiger, autoritär regierter Staat, nicht eindeutig zu beantworten. Er schließt sich hier der Position von Axel Fritz an, **daß Horváth eine Diktatur, deren Modell Hitler-Deutschland ist, mit Details eines ihm bekannten Milieus beschreibt,** in der Absicht **das Wesen der faschistischen Diktatur und die moralischen Entscheidungen, die die**

politischen Verhältnisse vom Einzelnen verlangen, allgemeingültig darzustellen.[22] Kaiser kommt bei der Beurteilung des Romans als antifaschistische Literatur zu dem Schluss, HORVÁTHS Perspektive erfasse nicht die Totalität der gesellschaftlichen Beziehungen, sondern bleibe auf das Individuelle, Moralische beschränkt. Dafür gelinge es ihm, zwei wichtige Themen eindringlich zu gestalten, nämlich die ideologische und moralische Deformierung der Jugend im Faschismus und die Überwindung opportunistischer Anpassung an den Faschismus.[23]

Einen Interpretationsansatz ganz anderer Art trägt Adolf Hasslinger in seiner Arbeit vor.[24] Für ihn ist **das Detektivische** in JoG eine besondere Struktur neben anderen innerhalb der Gesamtthematik. Mit den anderen meint er eine sogenannte politische, eine sozialkritische und eine religiöse Struktur. Der detektivischen schreibt er dabei eine integrierende Funktion zu, indem sie **die anderen thematischen Strukturen spannend auf den Höhepunkt führt.**[23] Dabei wird für Hasslinger der Mord im sozialkritischen Sinne zum **intensivsten Vorwurf an den Menschen in diesem Zeitalter der Fische und im religiösen Sinne zur Heimsuchung Gottes.**[26]

2.3 Rezeptionsgeschichte

Es gibt eine ganze Reihe von Anläufen die Rezeptionsgeschichte von HORVÁTHS Werk aufzuarbeiten, wobei alle Autoren versuchen die Rezeptionsgeschichte in Phasen zu unterteilen. Auffällig an den meisten Arbeiten ist die starke Übergewichtung des Dramatikers HORVÁTH.[27] Die jüngste Untersuchung der Rezeptionsgeschichte von HORVÁTHS Werk, die wirklich das gesamte Werk miteinbezieht, stammt von Reinhold Viehoff.[28] Nach einer kritischen Auseinandersetzung mit der bisher vorliegenden Rezeptionsforschung zu HORVÁTH schlägt er einen neuen Ansatzpunkt und daraus abgeleitet eine neue Phaseneinteilung vor. Sein Ansatzpunkt liegt dabei in der Rekonstruktion des Rezeptionsprozesses aus den **literarischen Handlungen, die ihn ausmachen [...], nämlich aus den Aussagen der etablierten Literaturkritik.**[29] Literaturkritik wird dabei verstanden als eine **Institution, der es im Gesamtzusammenhang des literarischen Handlungssystems – Produktion, Vermittlung, Rezeption und Verarbeitung – zukommt, Werke durch normative Urteile aus der Masse der zeitgenössischen Publikationen [...] auszufiltern, ihnen literarische Qualitäten zuzuschreiben und sie am Ende zu literarischen Meisterwerken zu machen**[30], d.h. sie zu kanonisieren. Dabei müssen nach Viehoff die feuilletonistische, die essayistische und die wissenschaftliche Literaturkritik aufeinander bezogen werden. Auf dieser Grundlage kommt er zu folgenden Phasen der HORVÁTH-Rezeption:

1. Die Phase der feuilletonistischen Kritik. Sie reicht vom Beginn des öffentlichen schriftstellerischen Schaffens HORVÁTHS bis etwa 1945. HORVÁTH ist bis zu diesem Zeitpunkt bereits ein etablierter (Exil-) Autor.[31]
2. Die Phase der essayistischen (und dramaturgischen) Kritik. Sie setzt gleich nach Ende des Zweiten Weltkrieges ein. In dieser Phase dominiert deutlich die Stücke-Rezeption. Diese Phase endet 1970/71 mit der Herausgabe des Gesammelten Werkes.[32]
3. Die Phase einer konstanten und besonnenen, d.h. distanzierenden wissenschaftlichen Auseinandersetzung mit HORVÁTHS Werk.[33]

Schränkt man die Betrachtung der Rezeptionsgeschichte auf dem Hintergrund dieses Phasenmodells auf den Roman *JUGEND OHNE GOTT* ein, so fällt insgesamt die zwiespältige Reaktion der Öffentlichkeit auf sein Erscheinen auf, zwiespältig in verschiedener Hinsicht. Für die Phase der feuilletonistischen Rezeption – die besondere *Rezeption* durch die Nationalsozialisten wird im Anschluss kurz dargestellt – heißt dies, dass der überwiegend positiv rezensierte Roman von der Kritik mit unterschiedlicher Akzentsetzung wahrgenommen wurde. Die Zeitungen und Zeitschriften der Exilierten betonten besonders den politischen, d.h. zeit- und ideologiekritischen Gehalt des Romans. Die Presse der Gastgeberländer spielte gerade diesen Aspekt herunter oder ignorierte ihn ganz, hob dafür aber die moralische und metaphysische Dimension besonders hervor.[34] Insgesamt war aber das Echo auf den Roman bei ausländischen Verlagen sehr groß, denn es gab in kürzester Zeit, d.h. bis 1939, zehn Übersetzungen.[35]

In Deutschland selbst war dem Roman ein Erfolg vorerst versagt, denn das nationalsozialistische Regime reagierte schnell und mit dem zu erwartenden Verbot. Der Schriftwechsel zwischen Gestapo, Reichsschrifttumskammer und Reichsministerium für Volksaufklärung und Propaganda ist im Materialband zu JoG ausführlich dokumentiert und zeigt den bürokratischen Vorgang der Aufnahme des Romans in die Liste des schädlichen und unerwünschten Schrifttums.[36]

Am 10. Januar 1938 ergeht eine Bitte der Geheimen Staatspolizei Berlin an den Präsidenten der Reichsschrifttumskammer um Aufnahme des Romans *JUGEND OHNE GOTT* in oben genannte Liste. Von der Reichsschrifttumskammer ergeht am 21. Januar 1938 eine Anfage an das Reichsministerium für Volksaufklärung und Propaganda, die am 7. März 1938 positiv beantwortet wird. Am 14. März 1938 kommt die Vollzugsmeldung der Aufnahme in besagte Liste und der Anordnung der Beschlagnahme aller in Deutschland auftauchenden Exemplare des Romans. In der *Liste des schädlichen und unerwünschten Schrifttums*,

Stand vom 31. Dezember 1938, die in einer Vorbemerkung ausdrücklich festhält, dass das Verbot auch für sämtliche Übersetzungen gelte, sind von HORVÁTH zwei Bücher aufgeführt: *JUGEND OHNE GOTT*, Amsterdam: A. de Lange 1937 und EIN KIND UNSERER ZEIT, Amsterdam: A. de Lange 1938.[37] Bemerkenswert ist auch die Begründung des Verbotes. Es sind nicht die deutlichen, unübersehbaren und provozierenden Anspielungen auf das NS-Regime, es sind die **pazifistischen Tendenzen**[38] **des Romans,** derentwegen er verboten wird.

In der zweiten Phase zeigt sich die Rezeption des Romans in anderer Weise zwiespältig. So erfuhr er zwar bald nach Kriegsende eine Wiederbelebung, denn bereits am 26. August 1945 werden bei einer sogenannten Morgenfeier im Theater in der Josefsstadt Auschnitte aus JoG vorgelesen und bereits 1948 erscheint in Wien die erste Nachkriegsauflage, der bald weitere, z.T. in Sammelbänden und Anthologien, folgen, doch von der Kritik wird im Grunde nur der Dramatiker HORVÁTH wahrgenommen. Die späte Prosa empfand man meist als enttäuschend und tat sie als **fatale, blaß-epigonale Randerscheinung** ab.[39]

Erst in der dritten Phase, etwa ab 1972/73, beschäftigte man sich mit dem Roman ausführlicher und angemessen. In dieser Phase werden HORVÁTHS Stücke und Romane auch für den Deutschunterricht interessant und Gegenstand von Seminaren an den Universitäten.[40]

3 Handlungsanalyse

3.1 Überblick

Die folgenden Kapitel untersuchen die Erzählstruktur des Romans sowie inhaltliche Schwerpunkte. Dabei werden zuerst einmal die vier wesentlichen Handlungsschritte und die Handlungsführung dargestellt um anschließend die Handlungsstränge sichtbar zu machen, die sich durch den gesamten Roman ziehen. Dann folgt die Darstellung textkonstituierender Elemente wie Erzählsituation, Erzählperspektive, Zeitstruktur und Figurenkonstellation, aber auch der wesentlichen Motive bzw. Motivketten und der sprachlichen Charakteristik des Textes. Schließlich werden die thematischen Schwerpunkte des Romans herausgearbeitet und zentrale Metaphern, Motive und Symbole interpretiert.

Der Roman ist in 44 nicht durchnummerierte Kapitel von meist geringem Umfang gegliedert. Selten umfassen sie mehr als drei oder vier Seiten und alle tragen sie programmatisch klingende Überschriften. Die hier vorgenommene Nummerierung stammt nicht von Horváth, sondern vom Verfasser und soll die Orientierung im Text erleichtern. Die Romanhandlung entfaltet sich in den folgenden vier großen Erzählschritten, denen jeweils zentrale Handlungsorte zugeordnet sind.

Der erste Schritt umfasst die Kapitel 1–7 (S. 11–34). Sie berichten von Ereignissen in der Klasse des Gymnasiums einer nicht näher bezeichneten Stadt, von der man lediglich erfährt, dass sie neben diesem Gymnasium noch einige Cafés bzw. Nachtbars, ein Kino, ein Fußballstadion und ein Amtsgericht besitzt.

Der zweite Schritt umfasst die Kapitel 8–21 (S. 34–82). Sie spielen in einem Ferienlager, in das die Schüler dieser Klasse während der Osterferien zusammen mit ihrem Klassenlehrer fahren. Das zentrale Ereignis während des Ferienlagers ist der Mord an einem Schüler der Klasse.

Der dritte Schritt umfasst die Kapitel 22–29 (S. 82–107). Im Mittelpunkt steht die Gerichtsverhandlung, in der das Verbrechen gerichtlich untersucht wird. Die Handlung spielt in der Stadt, hauptsächlich im Gerichtssaal und in der näheren Umgebung des Gerichtsgebäudes.

Der vierte Schritt schließlich umfasst die Kapitel 30–44 (S. 107–149). Sie enthalten die Jagd nach dem wahren Mörder, denn der Lehrer ist fest davon überzeugt, dass nicht das verdächtige Mädchen Eva, dem nach der Aussage des Lehrers eine Mordanklage droht, die Tat begangen hat, sondern ein Schüler seiner Klasse. Handlungsort für diesen Teil des Romans ist die ganze Stadt. Mit der Emigration des Lehrers endet der Roman.

Erzählt wird die Geschichte von einem Ich-Erzähler, dem Lehrer der Klasse, die im Mittelpunkt der Ereignisse zumindest der ersten Hälfte des Romans steht. Alle vier großen Handlungsabschnitte sind in sich dramatisch gestaltet und treiben jeweils auf einen eigenen Höhepunkt zu: Für den ersten Teil ist dies die Zuspitzung des Verhältnisses zwischen Lehrer und Klasse bis zu einem Zustand gegenseitigen Misstrauens und wechselseitiger Verachtung. Im zweiten Teil kulminiert die Handlung im Mord an dem Schüler N. Im dritten markiert die überraschende Aussage des als Zeugen geladenen Lehrers einen Höhepunkt, denn sie stellt das bisherige Verhandlungsergebnis auf den Kopf und lenkt den Verdacht auf das Mädchen Eva. Den Höhepunkt des letzten Teils stellt die durch einige Fehlschläge hinausgezögerte Entlarvung des wirklichen Mörders von N dar. Für den Roman insgesamt liegt der Höhepunkt in der Entscheidung des Lehrers ohne Rücksicht auf mögliche Konsequenzen vor dem Gericht öffentlich einzugestehen, dass er – und nicht wie bisher angenommen das Mordopfer N – das Kästchen mit dem Tagebuch von Z aufgebrochen hatte.

3.2 Die Kapitel 1–7: Die Ereignisse in der Schule

Die Handlung setzt an einem 25. März, dem vierunddreißigsten Geburtstag des Erzählers, ein und zeigt ihn bei seiner Arbeit: Er korrigiert Schüleraufsätze, denn er ist Lehrer am städtischen Gymnasium für die Fächer Geografie und Geschichte. Er wohnt zur Untermiete und lebt offensichtlich allein. Anlässlich seines Geburtstages resümiert er seine augenblickliche Lage als einen Zustand allgemeiner Unzufriedenheit, trotz seiner zumindest materiell und beruflich scheinbar gesicherten Position. Diese Unzufriedenheit resultiert aus seiner opportunistisch motivierten Zurückhaltung gegenüber dem herrschenden **Zeitgeist** (20) – wie sich sein Vorgesetzter ausdrückt –, der seinen humanistischen Idealen feindlich gegenübersteht. Durch das **lispelnde, heulende, drohende Radio** (14) allgemein verbreitet, in den Köpfen seiner Schüler bereits fest eingenistet, begegnet ihm dieser *Zeitgeist* auch in den Schüleraufsätzen, die er gerade korrigiert, z.B. in Äußerungen wie: **Alle Neger sind hinterlistig, feig und faul** (13). Die Einsicht, dass jede aus Vorsicht geübte Zurückhaltung gegenüber solchen Äußerungen eigentlich Verrat an den eigenen Idealen ist, verdrängt der Lehrer zu Beginn des Romans noch einigermaßen erfolgreich. So bleibt vorerst nur ein Gefühl allgemeiner Unzufriedenheit. Das Eingeständnis der eigenen Feigheit und die Änderung seiner auf Sicherheit bedachten Haltung wird dem Erzähler erst im Verlaufe der Romanhandlung möglich.

Bereits in den ersten Kapiteln erkennt der Leser deutlich, dass der Erzähler in einer ihm fremden, ja feindlich gesinnten Umgebung lebt. Hatte sich eine gewisse Distanz zu seiner Klasse schon gleich zu Anfang darin gezeigt, dass er seine Schüler weder mit Vor- noch mit Familiennamen nennt, sondern nur in Anfangsbuchstaben von ihnen redet und denkt, so verstärkt sich der Eindruck der Entfremdung am darauf folgenden Tag bei dem Versuch des Lehrers einen Schülerstreit zu schlichten. Er muss erkennen, dass er **eine andere Sprache redet** (16) als seine Klasse, die sich über ihn und seine Vorstellungen von Fairness und Ritterlichkeit **nur wundert** (16).

Eine weitere Steigerung erfährt diese Entfremdung bei der Rückgabe der korrigierten Aufsätze insofern, als sie bedrohlich für den Lehrer wird. Seine kritische Anmerkung dem Schüler N gegenüber, dass doch **Neger auch Menschen seien** (17), zieht eine Beschwerde von dessen Vater nach sich. Der Gegensatz Lehrer – Klasse erhält eine neue Dimension, denn in dem durch die Beschwerde veranlassten Gespräch des Lehrers mit seinem Vorgesetzten (19 ff.) wird deutlich, dass die Bemerkung gegenüber N nicht nur der Meinung von dessen Vater widerspricht, sondern auch der durch das Radio und geheime Dienstanweisungen (19) verbreiteten offiziellen Sprachregelung. Als eigentlicher und viel gefährlicherer Gegner wird der Staatsapparat erkennbar.

Eine vorerst letzte Steigerung in diesem Konflikt bringen einmal ein offener, von allen Schülern unterzeichneter Brief (22), in dem die Klasse ihrem Lehrer sozusagen das Misstrauen ausspricht, und die Entdeckung des Lehrers, dass ihn zumindest ein Teil der Klasse durch heimliche Mitschriften seiner Äußerungen bespitzelt (22). Dadurch wandelt sich das bereits gespannte Verhältnis in offene Feindschaft, die der Lehrer als existenzbedrohend empfindet, denn die Haltung der Klasse fasst er als Hass und Vernichtungswillen auf, denen er eine pauschal verurteilende Verachtung entgegensetzt.

Aufgewühlt und beunruhigt durch die Erlebnisse dieses Schultages hält es der Erzähler abends in seinem Zimmer nicht mehr aus; er sucht Gesellschaft und Ablenkung. Schließlich landet er in einer Bar und betrinkt sich langsam. Hier spricht ihn ein ehemaliger Kollege, Julius Caesar, an. Diesem nach einem Skandal mit einer minderjährigen Schülerin aus dem Schuldienst entlassenen und von der Gesellschaft angefeindeten Außenseiter fühlt sich der Erzähler in seiner augenblicklichen seelischen Verfassung verwandt. Sie vertiefen sich recht bald in ein Gespräch, in dessen Mittelpunkt Julius Caesars pessimistische Analyse der gegenwärtigen psychischen und moralischen Verfassung der Jugend steht, die er in der Metapher vom heraufziehenden Zeitalter der Fische (30) zusammenfasst. Seine Prophezeiung: **Da wird dic Seele des Menschen unbeweglich wie das Antlitz eines Fisches** (30) hat für die Romanhandlung vorausdeutenden Charakter und das hier eingeführte Fisch-Motiv erhält leitmotivische Bedeutung.

Im 7. Kapitel **Der Tormann** (30 ff.), das den ersten Handlungsschritt beschließt, wird als weiteres Leitmotiv das Augenmotiv eingeführt. Zeitlich schließt das Kapitel direkt an die mit Julius Caesar durchzechte Nacht an. Den Lehrer erwartet bei seiner Rückkehr der Vater des Schülers W. Er soll helfen dem todkranken Kind einen letzten Wunsch zu erfüllen. Der Junge will dem von ihm hoch verehrten Tormann des lokalen Fußballvereins einmal in seinem Leben persönlich begegnen. Noch im Beisein des Tormanns am Krankenbett stirbt der Junge. Bei der anschließenden Beerdigung fällt dem Lehrer einer seiner Schüler – es ist T – auf, genauer gesagt dessen **Fischaugen** (34). Damit sind aus der bisher anonymen Klasse neben W zwei Schüler, N und T, herausgehoben, die immer deutlicher zu Gegenspielern des Lehrers werden.

3.3 Die Kapitel 8–21: Im Ferienlager

Diese Kapitel behandeln die Ereignisse in dem Ferienlager, in das die Klasse mit ihrem Lehrer während der Osterferien zu einer einwöchigen vormilitärischen Übung fährt, die behördlich angeordnet ist. Wie der erste, so endet auch dieser Handlungsschritt mit dem Tod eines Schülers, diesmal mit dem gewaltsamen Tod von N.

Der Erzähler macht in dieser Zeit eine Reihe wichtiger Bekanntschaften und einige schmerzliche Erfahrungen. Beides ist auch für den weiteren Handlungsverlauf von Bedeutung. Die wichtigsten Bekanntschaften sind einmal – gleich bei der Ankunft der Klasse – die des Dorfpfarrers und wenig später die des Mädchens Eva. Von anderer Art, aber nicht minderer Bedeutung ist die *Begegnung* mit Gott und die damit verbundene Erfahrung. Verknüpft ist sie mit der Person des Pfarrers und dem Mord an N. Dic Bekanntschaft Evas schließlich bringt im Zusammenhang damit die Einsicht in persönliche Schwäche und Schuld.

Der Wechsel vom Handlungsort Schule zum Ferienlager wird recht plötzlich vollzogen. Die Handlung setzt mit dem 8. Kapitel **Der totale Krieg** (34) am Osterdienstag, dem Abreisetag, ein. Wie viel Zeit seit der Beerdigung von W vergangen ist, lässt sich nicht exakt bestimmen, aber es werden wohl nur wenige Tage sein. Klasse und Lehrer sind insgesamt acht Tage im Lager. Der erste bringt außer der Abreise und der Ankunft im Lager die Begrüßung im Dorf und die Einladung des Dorfpfarrers.

Der zweite Tag beginnt im Kapitel 9 **Die marschierende Venus** (38) und zeigt den Lehrer auf einem Spaziergang in die nähere Umgebung des Lagers. Dabei beobchtet er den Raubüberfall einer Jugendbande auf eine alte, blinde Frau, deren Hilflosigkeit von den Jugendlichen hemmungslos ausgenutzt wird. Dieses Ereignis ist für den Handlungszusammenhang in verschiedener Hinsicht bedeutend: Erstens greift es zwei Motive des ersten Teils auf, nämlich das der Gefühlskälte und Aggressivität der Jugend und dann das Augenmotiv. Zweitens begegnet der Lehrer hier zum ersten Mal dem Mädchen Eva und drittens beginnt hier, mit dem ersten kriminellen Vorgang, ein Handlungsstrang, der sich als äußere Handlung bis zum Romanende hindurchzieht, die sogenannte Kriminalhandlung[1].

Nach dem Mittagessen des zweiten Tages geht der Erzähler ins Dorf, wo er dem Pfarrer begegnet und dessen Einladung zu einem Gläschen Wein annimmt. Die besondere Bedeutung des Gesprächs mit dem Pfarrer zeigt sich darin, dass ihm zwei Kapitel – **Geh heim** (45 ff.) und **Auf der Suche nach den Idealen der Menschheit** (47 ff.) – gewidmet sind, zum anderen ist das 13. Kapitel mit dem wichtigen Gespräch über die Kirche und über Gott auch durch seinen Umfang hervorgehoben, denn es überschreitet den üblichen Rahmen von etwa drei bis vier Seiten um fast das Doppelte. Außerdem beginnt hier der für die innere Handlung wichtigste Handlungsstrang: der Weg zurück zu Gott.

Die äußere Handlung setzt im 14. Kapitel **Der römische Hauptmann** (53) erst zwei Tage später wieder ein und treibt die Kriminalhandlung voran, denn die ersten Vorboten künftigen Unheils kündigen sich an: Ein Fotoapparat wurde gestohlen und die Erwachsenen beginnen daraufhin die aufgestellten Wachen zu überwachen. Auf seiner ersten Nachtwache beobachtet der Lehrer, dass Z von einem fremden Jungen einen Brief erhält. Der folgende Morgen und der Vormittag verlaufen ereignislos, doch schon am Nachmittag verschärft sich die Lage: Man berichtet dem Lehrer von einer Rauferei zwischen N und Z, weil dieser nachts an einem Tagebuch schreibt. Im Bewusstsein des Lehrers setzen sich zwei Dinge fest: der Brief an Z und dessen in einem Kästchen aufbewahrtes Tagebuch.

Als die Klasse ins Gelände marschiert, nutzt der Lehrer die Gunst der Stunde und durchsucht Zelt und Gepäck von Z, findet schließlich das Kästchen und öffnet es. Dabei beschädigt er das Schloss. Das Kästchen enthält den Brief, der von Eva ist und auf ein nächtliches Rendezvous zwischen ihr und Z hindeutet, und das Tagebuch. Der Lehrer beginnt sofort darin zu lesen. Auch die Bedeutung dieses Ereignisses wird durch den Umfang des Kapitels – **Adam und Eva** (62–69) – unterstrichen; es ist mit sieben Seiten das längste Kapitel. Wichtig ist es in verschiedener Hinsicht: einmal wegen des Inhaltes, denn man erfährt von einem Liebesverhältnis zwischen Z und Eva, aber auch, weil hier das Lagerleben, alle Vorkommnisse sowie die Personen vom Tag des Eintreffens an aus einer anderen Perspektive betrachtet werden. Die sehr offene und detaillierte Schilderung des Liebesverhältnisses weckt von neuem das Interesse des Lehrers an Eva und er beschließt die beiden zu belauschen.

Da auch die Streitigkeiten zwischen N und Z im Tagebuch thematisiert werden, erhält das Tagebuch auch im Hinblick auf das Verbrechen Bedeutung, welches die ja unterschwellig schon spürbaren Spannungen auf schreckliche Weise zur Entladung bringt. Der Verdacht gegen Z und Eva als mögliche Täter wird hier systematisch aufgebaut: Beide, Eva wie auch Z, werden als impulsiv und heftig reagierende Jugendliche charakterisiert, die mit einer gewissen Rücksichtslosigkeit handeln. Die unheilvolle Atmosphäre verstärkt sich dadurch, dass Z in den Tagebucheintragungen seinem Zeltgenossen N wiederholt droht: **Ich bring ihn um** (z.B. 67 und 68), am Ende heißt es sogar: **Jeder, der mein Kästchen anrührt, stirbt!** (69).

Schon bald, nachdem das *Regiment* – so nennt der Feldwebel, der die Ausbildung leitet, die Klasse – zurückkehrt, kommt es zu einer heftigen Auseinandersetzung zwischen Z und N, der Letzteren natürlich verdächtigt das Kästchen aufgebrochen zu haben. Der Lehrer und der Feldwebel müssen den Streit schlichten und versuchen erfolglos die Sache aufzuklären. Bei dieser Gelegenheit fühlt sich der Erzähler – wie schon bei der Beerdigung des W – von **zwei hellen runden Augen** [...] **ohne Schimmer und Glanz** (72) beobachtet. Für den Leser hat die Spannung durch den Ausbruch von offenen Gewalttätigkeiten inzwischen einen vorläufigen Höhepunkt erreicht. Die Klasse hat nur noch zwei Tage im Ferienlager und je einem sind die beiden letzten Kapitel dieses Romanteils gewidmet. Schon **Der vorletzte Tag** (76–78) bringt das nächste wichtige Ereignis: Der Schüler N ist nicht mit dem *Regiment* vom Geländespiel ins Lager zurückgekehrt. Die durch die Tagebuchlektüre aufgebauten Verdachtsmomente und der Zustand, in dem Z aus dem Gelände zurückkehrte, nämlich mit zerkratzten Händen und zerrissenem Rock, machen ihn verdächtig. Das 21. Kapitel **Der letzte Tag** (80) bringt den Höhepunkt dieses Handlungsschrittes, und zwar auf der Ebene der äußeren wie der inneren Handlung. Für die äußere ist es ein grausiger Fund: Zwei Waldarbeiter haben die Leiche des Schülers N gefunden; für die innere ist es das Erscheinen Gottes. Der Lehrer geht mit den Waldarbeitern ins Dorf zur Gendarmerie und kehrt zusammen mit der Mordkommission zurück. Die entsprechenden Untersuchungen nehmen ihren Lauf. Schon beim ersten Verhör gesteht Z die Tat ein. – Hier bricht dieser Handlungsstrang ab und wird nach einer längeren zeitlichen Unterbrechung an anderem Ort – nämlich in der Stadt – wieder aufgenommen.

3.4 Die Kapitel 22–29: Der Prozess

Der dritte große Handlungsschritt setzt ganz unvermittelt mit den Worten ein: **Morgen beginnt der Prozeß** (82). Von dem, was in der Zeit zwischen dem Ferienlager und dem Prozessbeginn passierte, erfährt man lediglich, dass **es Herbst geworden ist** (82) und dass der Lehrer immer noch am Gymnasium beschäftigt wird. Den Auftakt bildet eine Art Pressespiegel, denn der Erzähler sitzt am Abend vor Prozessbeginn in einem Café und liest die Tageszeitungen. Dabei werden in Auszügen folgende Personen zitiert: der Lehrer – der Feldwebel – die Präsidentin des Verbandes gegen die Kinderverwahrlosung – die Eltern des Opfers N – die Mutter von Z, dem mutmaßlichen Täter – und zum Schluss der Strafverteidiger von Z.

Dann kommt der Tag des Prozessbeginns. In dem recht kurzen Kapitel 23 **Mordprozeß Z oder N** (87 f.) schildert der Erzähler das Publikum und die Hauptakteure des Prozesses. Im darauf folgenden Kapitel **Schleier** (89) beginnt schließlich die eigentliche Verhandlung. In ihr erfährt man zunächst einiges über das gespannte Verhältnis zwischen Z und seiner Mutter, bis sich die Fragen des Gerichts endlich dem Tag nähern, **an dem der liebe Gott kam** (90), wie sich der Erzähler ausdrückt. Die erste Überraschung im Prozessverlauf besteht darin, dass Z die Tat begangen haben und dafür bestraft werden will. Er verzichtet sogar auf jede Verteidigung.

Langsam baut sich im Gerichtssaal eine gewisse Spannung auf, doch bevor man zur Einvernahme der Zeugen kommt, und zu denen gehört ja auch der Erzähler, wird eine Prozesspause angeordnet. In dieser Mittagspause tritt das für den weiteren Prozessverlauf entscheidende Ereignis ein: Dem Lehrer begegnet Gott noch einmal. Im Park beim Gerichtsgebäude, wo der Erzähler die Pause verbringen will und seinen Gedanken nachhängt, werden ihm zwei Dinge klar: **Ich glaube an ihn (Gott). Aber ich mag ihn nicht** (94). Da dem Lehrer die Zigaretten ausgegangen sind, geht er in einen nahe gelegenen Zigarettenladen um sich eine neue Packung zu kaufen. Zwischen Lehrer und Ladenbesitzer entspinnt sich ein Gespräch über den Prozess, das Verbrechen und seine Ursachen. Der Alte beklagt in diesem Zusammenhang den allgemeinen Mangel an Gottesfurcht und Glauben. Für den Erzähler verschwimmen zunehmend Realität und Einbildung und er meint in der Stimme des

Ladenbesitzers Gott zu hören. Es folgt ein kurzer Dialog zwischen Erzähler und Gott, der mit der Aufforderung an den Lehrer endet die Wahrheit über das Kästchen und den Einbruch zu sagen. Dann bricht dieser Handlungsstrang ab und der Erzähler wendet sich wieder der Schilderung des Prozessverlaufes zu. Doch das Erlebnis wirkt in ihm nach und bewegt ihn dazu, endlich die Wahrheit zu sagen und zu klären, wer das Kästchen wirklich aufgebrochen hat.

Im 26. Kapitel **Der Kompaß** (96 ff.) beginnt die Vernehmung der Zeugen. Während die Aussagen der meisten Zeugen ziemlich knapp gehalten werden, steht die der Mutter von Z im Mittelpunkt dieses Kapitels. Es geht dabei – wie die Kapitelüberschrift schon andeutet – um den Kompass, der beim Opfer gefunden worden war und den Z als sein angebliches Eigentum identifiziert hat. Die Mutter will ihren Sohn dazu bewegen, zuzugeben, dass er gar keinen Kompass besitzt. Darüber kommt es zwischen Mutter und Sohn zum Bruch und es wird deutlich, dass Z ein Junge ist, der sich von seiner zänkischen und eifersüchtigen Mutter vernachlässigt fühlt. Am Ende dieses Kapitels steht der vernichtende Satz des Sohnes im Raum: **Nein, Mutter, ich mag dich nicht mehr!** (99). Im Gerichtssaal herrscht jetzt atemlose Stille.

Die restlichen drei Kapitel dieses Handlungsschrittes sind den Aussagen des Lehrers und Evas gewidmet. Zuerst wird der Lehrer in den Zeugenstand gerufen. Durch sein Geständnis das Kästchen geöffnet zu haben, verblüfft er zunächst einmal alle Anwesenden. Seine Aussage entlastet Z und belastet Eva, wie sich bald herausstellen wird.

Sie hat sich den Lehrer zum Vorbild genommen und möchte jetzt genauso die Wahrheit sagen, **wie der Herr Lehrer** (102). Drei Dinge in ihrer Aussage sind wichtig für den weiteren Handlungsverlauf:

Erstens entlastet auch sie Z durch ihre Schilderung des Tathergangs, ja sie unterstützt dabei sogar die Hypothese von dessen Verteidiger, dass ein Dritter am Tatort gewesen sein muss, ein fremder Junge, der N von hinten mit einem Stein erschlagen habe. Zweitens bekennt sie öffentlich Z nie geliebt zu haben, was diesen zutiefst verletzt, denn damit wird sein Opfer ja sinnlos. Die dritte und wichtigste Information ist ihre Beschreibung des fremden Jungen: **Ich erinnere mich nur noch, er hatte helle, runde Augen. Wie ein Fisch** (105).

Der Erzähler ist alarmiert, ihm fällt sofort T ein, wie er am Grab des W stand und auch im Zeltlager, als Z das aufgebrochene Kästchen entdeckt hatte. Benommen verlässt er den Gerichtssaal, aber zwei Dinge sind ihm zur Gewissheit geworden: T muss der Täter sein und er selbst hat durch seine Aussage Arbeit und Brot verloren. Gerade das hatte er ja zu Beginn des Romans noch so sehr gefürchtet, dass er zum Opportunisten geworden war. Doch der Unterschied zu damals wird sofort deutlich: Er denkt zwar wieder an die Bar und daran, sich zu betrinken, doch er geht heim und fürchtet sich nicht mehr vor seinem leeren Zimmer. Er fühlt sich offensichtlich nicht mehr allein, denn am Schluss dieses Kapitels stellt sich der Lehrer die Frage: **Wohnt er (Gott) jetzt auch bei mir?** (107).

3.5 Die Kapitel 30–44: Die Jagd nach dem Mörder

Der ganze letzte Teil hat die Entlarvung und Überführung des wirklichen Täters zum Inhalt. Dies hat sich der Erzähler, der von der Schuld des T überzeugt ist, zur Aufgabe gemacht. Wie die bisherigen ist auch dieser Handlungsschritt motivisch eng mit den vorangehenden verknüpft, und zwar durch die Leitmotive *Gott* bzw. dessen Auftreten und Eingreifen in die Geschehnisse sowie das Augen- und Fischmotiv.

Wir finden den Erzähler am Kapitelanfang erneut bei der Zeitungslektüre. Hierbei erfährt der Leser den Stand der Dinge: Z erhielt eine kleine Freiheitsstrafe und gegen Eva wird ein Prozess wegen **meuchlerischen Mordes** (107) angesetzt, der in etwa drei Monaten stattfinden soll. Z hat sich von Eva abgewandt und dem Lehrer ist von der Aufsichtsbehörde bereits das Betreten des Gymnasiums verboten. Von der Zeitungslektüre angeregt wenden sich die Gedanken des Erzählers dem Mädchen zu. Dabei taucht ein neues Motiv auf: Der Erzähler hört Eva **schreien** (108), so wie er die Stimme Gottes hörte. Dieses Schreien wird für ihn zu einem Stachel im Fleisch, der ihn immer wieder daran erinnert, dass er eine Aufgabe zu erfüllen hat: **Warte nur, ich werde den Fisch fangen** (108). Vom Dienst suspendiert kann er dieses Ziel ja nun in Ruhe verfolgen und die Jagd beginnt.

Noch am gleichen Morgen passt er nach Schulschluss den Schüler T ab und lädt ihn zu einem Eis in eine nahe gelegene Konditorei ein. Der Lehrer beginnt ein Gespräch über den Prozessverlauf und möchte dabei erreichen, dass sich T verrät. In dem Gespräch wird klar, dass T der Unbekannte war, in dessen Gesicht der Lehrer seinerzeit, als er Eva und Z nachts bei ihrem Rendezvous beobachtet hatte, fasste.[2] T zieht sich vorerst mit einigen Schutzbehauptungen aus der Affäre, z.B. der, dass der Lehrer in der Klasse von allen Schülern der *Fisch* genannt werde. In seinen Schutzbehauptungen projiziert er eigene Charakterzüge auf den Lehrer, denn bald zeigt sich, dass T den Lehrer tatsächlich *Fisch* genannt hat (120), aber eben nur er. Einen Hinweis dafür, dass T hierbei ungewollt seine eigenen Gedanken und Wunschvorstellungen preisgegeben hat und verunsichert ist, zeigt sein Verhalten. Er stockt plötzlich, beendet das Gespräch unvermittelt und macht sich auf den Heimweg. Den Abschluss des Kapitels bildet Evas Schreien, das der Erzähler zu hören vermeint.

Das Kapitel 31, **Fahnen** (112), setzt am folgenden Morgen ein, bringt aber keinen Handlungsfortschritt, sondern ist ganz auf einer Reflexionsebene[3] angesiedelt. Es ist für den Lehrer der zweite Tag ohne Arbeit und es ist ein Feiertag: **Der Geburtstag des Oberplebejers** (112). Der Gedanke daran löst beim Erzähler eine in leidenschaftlichen Worten vorgetragene Abrechnung mit dem geistigen Klima seiner Zeit aus, wobei er sich in bitterer Selbstkritik nicht ausnimmt. Schließlich hat er seine Fahne schon am vorausgehenden Abend aus dem Fenster gehängt. Dabei wird ihm bewusst, dass sein Mitläufertum nur noch sinn- und wirkungslose Gewohnheit ist, denn sein Brot hat er ja bereits verloren. Erst jetzt erinnert er sich seiner religiösen Erfahrung: **Vergiß es nicht, daß du mit einem höheren Herrn gesprochen hast!** (133). Diese Erkenntnis bleibt nicht wirkungslos. Alle anderen Probleme werden dadurch verkleinert und verkehrt: Die Mächtigen sind Winzlinge, die reichen Plebejer plötzlich arm. Überhaupt wirkt alles lächerlich. Selbst das allgegenwärtige Radio hat an Macht verloren, denn es wird spielend von der Stimme des Mädchens in seinem Inneren verdrängt: **Sie übertönt alles** (113).

Auf dieser Ebene setzt dann die äußere Handlung im folgenden Kapitel wieder ein. Der Lehrer ist noch nicht einmal fertig angekleidet, als ihm seine Wirtin schon Besuch meldet. Es ist ein Schüler aus seiner ehemaligen Klasse, der sich als Abgesandter einer kleinen Gruppe von Jugendlichen zu erkennen gibt, die sich der *Klub* nennt und nicht nur aus Gymnasiasten besteht. Der Klub will ihm helfen. Den Grund dafür und die Ziele dieses Klubs erfährt man in dem Gespräch zwischen Schüler und Lehrer. B, so heißt der Schüler, ist durch den Prozessverlauf ebenfalls von der Schuld des T überzeugt worden. Er verstärkt den Verdacht gegen T durch Informationen, die nur ihm als Schüler der Klasse zugänglich sind. So erklärt er: **T hat mir einmal gesagt, er möchte es gern sehen, wie einer stirbt und [...] wie ein Kind auf die Welt kommt** (115). Dann wendet sich das Gespräch den Zielen des Klubs zu, wobei sich herausstellt, dass die Bemerkung des Lehrers über die Neger nicht nur die Beschwerde des Bäckermeisters N zur Folge hatte, sondern auch den entscheidenden Impuls für die Gründung des Klubs gab. Seine Mitglieder treffen sich einmal wöchentlich und **lesen alles, was verboten ist** (117). Dieser Teil des Gesprächs ist in zweierlei Hinsicht wichtig: Erstens zeigt er, dass sich auch bei der vom Lehrer bisher pauschal verurteilten Jugend Widerstand, zumindest geistiger Widerstand, regt. Zweitens wird dabei, wie zuvor auch schon[4], für den Leser die Perspektive der Jugend, sprich der Schüler, eingerichtet. Aus dieser Sicht erweisen sich die Urteile der Erwachsenen über die Jugend, gemeint sind vor allem der Lehrer und Julius Caesar, als Vorurteile. B verspricht schließlich den Klub zum Eingreifen zu überreden. Seine Mitglieder sollen T Tag und Nacht beobachten und dem Lehrer täglich Bericht erstatten.

Am nächsten Morgen erhält der Erzähler einen Brief seiner entsetzten Eltern. Um diesen Brief, genauer gesagt um zwei Briefe geht es in dem Kapitel 34, wie schon die Überschrift andeutet (121). Im Zusammenhang mit den Briefen geht es aber um sehr viel mehr, nämlich um den im Verlaufe des Prozesses wiedergefundenen Glauben des Erzählers und seine Auswirkung auf dessen Denken und Handeln. Im 31. Kapitel (112 f.) hatte der Erzähler ja mit Erstaunen zum ersten Mal festgestellt, dass er durch den neu entdeckten Glauben viel leichter mit seiner Situation und seinen Problemen fertig werden kann, und bald darauf stellte er fest, dass er auch **anders denke als früher** (119). Der Glaube zeigt also Wirkung, die aber, wie sich schnell herausstellt, noch sehr instabil ist.

Der erste Brief ist, wie gesagt, von den Eltern, die sich um die Zukunft des so plötzlich arbeitslosen Sohnes sorgen und ihm wegen seines Verhaltens auch Vorwürfe machen. Der zweite Brief ist die Antwort des Sohnes, deren Abfassung ihm sichtlich Schwierigkeiten bereitet. Bei dem Satz **Macht Euch keine Sorgen, Gott wird schon helfen** (121) gerät der Erzähler ins Stocken und kommt mit dem Brief nicht mehr voran, schließlich zerreißt er ihn. **Er bringt es nicht über das Herz, das Wort Gott niederzuschreiben** (121). Wie schon einmal erfasst ihn die Angst vor seiner leeren Wohnung und der Einsamkeit, und wieder treibt es ihn auf der Suche nach Ablenkung und Gesellschaft fort, sogar in dieselbe Nachtbar, und wieder trifft er dort Julius Caesar. Sie sprechen über den Prozess, den Verdacht des Erzählers gegen den Schüler T und die Versuche des Lehrers dem Mädchen Eva zu helfen, wobei ihm Caesar spontan Unterstützung zusagt.

Der folgende Tag beschert dem Erzähler dann noch einen Brief, es ist der erste Bericht des Klubs. **Nichts Besonderes vermerkt** (123), lautet die enttäuschende Nachricht. Der Brief lenkt seine Gedanken wieder auf Eva und er versucht seine Beziehung zu ihr zu definieren. Er denkt an Liebe, doch scheint sich deren Charakter geändert zu haben. Als er sie erstmals sah, war sein Wunsch nach einer näheren Bekanntschaft ganz sicher erotischer Natur. **Nein, ich bin kein Heiliger** (43), stellte er damals fest. Dieselbe Formulierung fällt auch jetzt, als er ganz allgemein über sein Verhältnis zu Frauen nachdenkt[5]. Doch für seine Beziehung zu Eva scheint das nicht mehr zu gelten: **Aber nun liebe ich anders** (123). Die Liebe hat einen allgemeineren, selbstlosen Charakter: **Ich möchte nur helfen [...]. Aber sie muß nicht bei mir sein** (124).

So vergehen drei weitere Tage und auch der vierte Bericht des Klubs

vermerkt nichts Besonderes (124). Nach weiteren vier Tagen erhält der Lehrer überraschenden Besuch, sozusagen einen aus der Vergangenheit. Es ist der Pfarrer, mit dem er damals während des Lagers das lange Gespräch über Gott und die Kirche führte. Der erkennt sofort, dass mit dem Lehrer seit dieser Zeit eine Veränderung vor sich gegangen sein muss: [...] **irgendwas ist anders geworden. Richtig, Sie sehen viel heiterer aus** (125), bemerkt er. Für ihn ist klar, dass dies mit der veränderten Einstellung zu Gott zu tun hat. Der Pfarrer bietet dem Erzähler eine Stelle als Lehrer in einer Missionsschule in Afrika an, sozusagen als Anerkennung für den beim Prozess bewiesenen Mut. Ihr Gespräch streift auch die Themen Berufung und Sendung, was den Lehrer sofort wieder an seine *Sendung* erinnert, nämlich den Fisch zu fangen. Nachdem der Pfarrer davon und von dem Verdacht gegen T erfahren hat, fordert er den Lehrer auf sofort die Mutter von T aufzusuchen und mit ihr zu sprechen: **Die Mutter muß alles hören** (126).

Diese Aufforderung treibt die Handlung voran, da der Erzähler endlich aktiv wird. Sobald der Pfarrer ihn verlassen hat, macht er sich auf den Weg zur Mutter von T. Das Kapitel trägt die Überschrift **Die Endstation** (127). Damit werden bezüglich der Auflösung des Falles bestimmte Lesererwartungen geweckt und die Spannung steigt an. Besondere Bedeutung erlangt dieses Kapitel für den Leser aber dadurch, dass hier wie schon im Kapitel **Der Kompaß** (96) Einblick in Familienverhältnisse gewährt wird. T lebt in einem großen Haus mit Park und Dienerschaft, sein Vater leitet einen Konzern und ist selten zu Hause, hat für den Sohn also keine Zeit. Auch von der Mutter erhält T keine Zuwendung, denn sie ist die meiste Zeit damit beschäftigt, ihren gesellschaftlichen Verpflichtungen nachzukommen. Sie ist immer von Gästen beansprucht, wie auch beim Besuch des Lehrers, und so bleibt der Junge sich selbst überlassen. Er empfängt auch den Erzähler. Während ihres Gesprächs hat der Lehrer den Eindruck, dass sich die Augen des Jungen verändert haben, dass in ihnen jetzt **der Schimmer des Entsetzens wohnt** (131). Sein Besuch und die Unterhaltung mit T scheinen in dem Jungen etwas bewirkt zu haben. Mit diesem Eindruck verlässt der Lehrer das Haus ohne die Mutter gesprochen zu haben.

Bei der Rückkehr in seine Wohnung erwartet ihn das inzwischen achte blaue Kuvert mit dem Bericht des Klubs. Diesmal scheint der endlich etwas Interessantes berichten zu können. T, so steht dort, habe sich nach einem Kinobesuch mit einer Dame getroffen. Der Bericht weckt die Neugier des Erzählers und er besucht die Dame. Es ist das Freudenmädchen Nelly. Im Gespräch mit Nelly wird schnell klar, dass noch jemand, ein fremder Herr, dem Nelly verbunden ist, **einen Fisch fangen**

will (133). Bald stellt sich heraus, wer dieser fremde Herr ist, denn der erwartet den Lehrer schon in dessen Wohnung. Es ist Julius Caesar, der den grotesken Plan eröffnet den Fisch im Bett zu fangen **um die Tat dort zu rekonstruieren** (137). Damit will er dem Lehrer und Eva helfen. Doch der Plan schlägt fehl.

Für den Handlungsfortgang wird der Besuch Julius Caesars aber in anderer Weise wichtig, denn er lenkt die Gedanken des Erzählers und damit das Interesse des Lesers noch einmal auf N, und zwar auf N als Opfer, das inzwischen in Vergessenheit geraten ist. Der neu erwachte Gedanke an N fesselt den Lehrer so sehr, dass ihm N in der folgenden Nacht, im Kapitel 41, als **Das Gespenst** (139) erscheint. N erinnert dabei den Lehrer an dessen Mitschuld an dem Verbrechen. Damit meint er vor allem die Sache mit dem Kästchen und er wirft dem Lehrer Egoismus vor: **Sie denken immer nur an sich** (140). Schließlich verlangt N vom Lehrer dadurch Vergeltung, dass dieser den Täter seiner Strafe zuführt. N eröffnet auch eine neue Perspektive auf Eva: **Aber Herr Lehrer, sie hat doch keine solche Augen! Sie hat ja kleine, verschmitzte, unruhige, [...] richtige Diebsaugen. Die Augen, die sie anschauten, das waren andere Augen** (142).

Dieses Augenmotiv wird im übernächsten Kapitel fortgeführt. Zunächst aber wird der Lehrer, nachdem er wohl doch noch Schlaf gefunden hat, mitten in der Nacht aus dem Bett geklingelt. Zwei Kriminalkommissare nehmen ihn ohne nähere Erkärung in ihrem Dienstwagen mit und bringen ihn in das Haus der Familie T. Die Polizei will von ihm wissen, was er bei seinem Besuch von Frau T wollte, denn der Junge hat sich inzwischen das Leben genommen, und die Mutter beschuldigt den Lehrer dafür verantwortlich zu sein. Ihr Beweis ist ein abgerissenes Stück Papier, auf dem T dem Lehrer vorwirft ihn in den Tod getrieben zu haben.

Im vorletzten Kapitel 43 **Die anderen Augen** fällt die Entscheidung darüber, ob es dem Lehrer gelingt, sein Versprechen Eva gegenüber wahr zu machen und den wirklichen Täter zu überführen. Der Lehrer berichtet der Mutter und den Beamten – wie er sagt – vor allem: von der Neugier des Jungen, von seinem Verdacht, vom Lager und vom Sägewerk. Im Verlauf dieser Schilderung verändert sich das Verhalten der Frau auffällig. Hatte sie ihn zuvor noch hasserfüllt beschuldigt, so wird sie immer stiller und starrt zum Fenster hinaus. Plötzlich erleidet sie einen Nervenzusammenbruch, wobei ihr ein Stück Papier aus der Hand fällt, das sich als Rest des ersten Papierstückes entpuppt. Auf diesem bisher fehlenden Teil befindet sich das Geständnis des Jungen und damit ist der Mord an N geklärt.

Mit dem kurzen Kapitel 44 **Über den Wassern** (148) endet die Romanhandlung. Der Erzähler ist dabei, seine Heimat zu verlassen und einen Neuanfang zu versuchen: **Morgen fahre ich nach Afrika.** In diesem letzten Kapitel werden, durch Gegenstände symbolisiert, ein letztes Mal die Personen versammelt, zu denen der Erzähler eine mehr oder weniger enge Beziehung hatte oder während der Ereignisse entwickelte: die Wirtin durch einen Blumenstrauß, die Eltern durch einen Brief, der Klub durch seinen obligatorischen blauen Brief, Julius Caesar durch sein Geschenk an den Lehrer, einen Totenkopf, den man illuminieren kann. Aber auch Eva und der Pfarrer sind durch dessen Versprechen, sich um das Mädchen zu kümmern, vertreten. Motivisch schließt sich ein Kreis zum Romananfang durch den Blumenstrauß der Wirtin, den Brief der Eltern und den letzten Satz des Romans: **Der Neger fährt zu den Negern** (149).

4 Erzählstrukturen

4.1 Erzählebenen und Textstrukturen

Bei der Darstellung der vier großen Erzählschritte wurden der inhaltliche Zusammenhang und die vom Text vorgegebene Anordnung der Inhalte zu wesentlichen Strukturierungskriterien gemacht. Dabei hat sich gezeigt, dass diese Einteilung der Komplexität des Texte nicht genügt. Für eine angemessene Texterfassung ist eine weitere Differenzierung notwendig.

Zunächst muss man drei Ebenen der Textdarbietung unterscheiden, die hier Erzählebenen genannt werden sollen. Deutlich voneinander abgehoben sind eine Reflexions- und eine Handlungsebene[6], die im Handlungsverlauf zunehmend enger verknüpft werden. Ereignisse auf der letzteren sind oft Impulse für einen Wechsel auf die Reflexionsebene, auf der diese Ereignisse, aber auch die seelische Verfassung des Erzählers dann reflektiert werden.

Besonders die kritische Auseinandersetzung mit dem herrschenden Zeitgeist und den Wertvorstellungen der Jugend wird auf dieser Ebene dargestellt. Dabei zeigt sich, dass der Reflexionsstand des Lehrers seinem opportunistisch motivierten Handlungsstand besonders in der ersten Romanhälfte oft weit vorauseilt. Von der Handlungsebene muss noch eine Ebene der inneren Handlung abgehoben werden. Letztere darf man aber nicht mit der Reflexionsebene gleichsetzen. Auf der Ebene der inneren Handlung werden vielmehr Ereignisse dargestellt, die zwar dem Erzähler – und damit auch dem Leser –, aber keiner anderen Romanfigur zugänglich sind. Ich meine damit vor allem das dreimalige Auftreten Gottes (S. 80 ff., 95 f., 146 ff.) und die Träume bzw. Wachträume des Erzählers: der **Ball der moralischen Gesellschaft** (58) und das Erscheinen des toten N als **Gespenst** (140 ff.), aber auch das **Schreien Evas.**

Auf diesen Ebenen der Textdarbietung verlaufen Handlungsstränge, die sich über längere Passagen des Romans bzw. über den ganzen Text erstrecken. Von Handlungssträngen kann nach Lämmerts[7] Definition eigentlich nicht gesprochen werden, deshalb wird hier in Anlehnung an A. Hasslinger[8] auch der Begriff *Strukturen* verwendet. Hasslinger unterscheidet für *Jugend ohne Gott* eine detektivische Struktur, eine religiöse, eine politische und eine sozialkritische. Die beiden letzteren werden hier zu *sozialkritische Struktur* zusammengefasst. Auf den Roman bezogen beinhalten diese drei Strukturen Folgendes: Die erste und wohl auch vordergründigste Struktur ist die detektivische. Sie bestimmt insbesondere die äußere Handlung des Romans ab dem zweiten Erzählschritt, betrifft also die Ereignisse im Lager und alles, was daraus folgt. Sieht man in der Aggressivität und Gefühlskälte der Jugend, wie sie sich schon im ersten Erzählschritt zeigen, die Hauptursache für das Verbrechen, dann erfasst die detektivische Struktur sogar den ganzen Roman. Zur Einordnung als Detektivroman fordert Hasslinger die Erfüllung des folgenden Schemas durch den Text:

1. Es geschieht ein Verbrechen: der Mord an N.
2. Recherchen zu seiner Aufklärung werden angestellt: die Untersuchungen der Kriminalpolizei, die Gerichtsverhandlung und schließlich die Recherchen des Lehrers.
3. Dabei wird langsam eine Motivation für die Tat erkennbar: Dies erfolgt im Roman im Wesentlichen durch die Äußerungen von T, entweder als Zitat oder in den Gesprächen mit dem Lehrer.
4. Die Rekonstruktion des Tathergangs: Sie erfolgt besonders in der Gerichtsverhandlung und in den Aussagen von Z und Eva.
5. Die Entlarvung und Überführung des Täters: Dies wird im Wesentlichen vom Lehrer geleistet.

Weitere wichtige Merkmale sind für Hasslinger:

6. Das Auftreten eines Detektivs: Im Roman ist dies der Lehrer, der zusammen mit Gehilfen – dem Klub und Julius Caesar – die Aufklärungsarbeit leistet.
7. Diese Aufklärung entfaltet sich in typischen Tätigkeiten: Beobachtungen und Nachforschungen, Verhöre, Verfolgung des Täters, schließlich die Beweisführung, die zur Entlarvung des Täters führt. Bei dieser Aufklärungsarbeit wird das Täterbild nach und nach ausgefüllt.

Die detektivische Struktur ist in zwei großen Spannungsbögen auf folgende Höhepunkte hin angelegt: auf den Mord und auf die Entlarvung des Mörders. Das Verbrechen wird atmosphärisch durch folgende Ereignisse vorbereitet: die aggressive Stimmung in der Klasse; die Spannungen zwischen Klasse und Lehrer; den Überfall der Jugendbande auf die blinde alte Frau (42); den Diebstahl des Fotoapparates; das Aufbrechen des Kästchens; die Rauferei zwischen T und N. Die Aufklärung wird spannend gestaltet durch das Leitmotiv der Fischaugen, die Pläne des Klubs und Julius Caesars sowie die Vorstöße des Lehrers in den zwei Gesprächen mit T und schließlich durch dessen Selbstmord und die Beschuldigung des Lehrers.

Das Schema *Kriminalhandlung* wird noch ergänzt durch *falsche Fähr-*

ten mit Hilfe bestimmter Indizien und durch überraschende Wendungen. So wird zuerst Z verdächtig gemacht, und zwar durch die Morddrohungen in seinem Tagebuch, dann durch seinen Jähzorn, außerdem durch sein Aussehen bei der Rückkehr vom Geländemarsch, nach dem N vermisst wird, und schließlich durch seine Selbstbezichtigung. Eva wird verdächtig durch ihre Skrupellosigkeit, einmal beim Überfall auf die Frau, aber auch beim ersten Zusammentreffen mit Z (65 f.).

Mit der Aussage Evas über den **dritten fremden Jungen** und durch die Reaktion des Lehrers darauf wird der Verdacht dann endgültig auf T gelenkt. Als überraschende Wendungen kann man ansehen: die Aussagen des Lehrers und Evas vor Gericht, das Auftreten des Klubs, das Eingreifen Caesars und die Umstände, unter denen der unterschlagene Teil des Abschiedsbriefes entdeckt wird.

Die religiöse Struktur beinhaltet den Weg des Erzählers zurück zu Gott. Genauso unfreiwillig, wie er sich plötzlich in der Rolle des Detektivs wiederfindet, wird er durch Ereignisse in seiner Umgebung auf diesen Weg gebracht. Die religiöse Struktur ist vornehmlich auf der Reflexionsebene und der Ebene der inneren Handlung angesiedelt. Bereits im Romantitel, aber auch im ersten Kapitel taucht *Gott der Allmächtige* als Motiv auf. Der End- und Höhepunkt der religiösen Struktur liegt – im vorletzten Kapitel – in der Erkenntnis: **Denn Gott ist die Wahrheit** (148)[9]. Die religiöse Struktur oder anders ausgedrückt das Verhältnis des Erzählers zu Gott wird in folgenden vier Phasen entfaltet.

1. In einer Phase der Ignoranz: In ihr spielt Gott für den Erzähler keine Rolle. Er verwendet zwar seinen Namen, aber unwillkürlich und eher floskelhaft wie seine Eltern in ihrem Brief an ihn.[10] Die Ursache dieser Missachtung – das Erlebnis des Ersten Weltkrieges – erfährt der Leser erst beim Übergang zur nächsten Phase im Gespräch mit dem Pfarrer.
2. In einer Phase der Distanzierung: Sie beginnt mit dem eben erwähnten Gespräch des Lehrers mit dem Dorfpfarrer über Gott –Kirche – Staat[11]. Gott wird vom Erzähler abgelehnt, seine Existenz geleugnet.
3. In einer Phase distanzierter Akzeptanz: Die Existenz Gottes wird – indirekt und für den Erzähler vielleicht sogar noch unbewusst – zugestanden mit der Zustimmung zur Feststellung des Pfarrers: **Gott ist das Schrecklichste auf der Welt** (57). Diese Phase umfasst den Rest des zweiten und Teile des dritten Erzählschrittes und ist charakterisiert durch eine schwankende Haltung des Erzählers zu Gott.
4. In einer Phase vorbehaltloser Akzeptanz: Sie setzt mit dem zweiten Gespräch zwischen Lehrer und Pfarrer ein[12] und gipfelt in der Einsicht: **Gott ist die Wahrheit** (148).

Verbunden mit der religiösen Struktur ist eine zweifache Veränderung des Lehrers und Erzählers: einmal ein Wandel in seiner Einstellung zu Gott[13] und daraus folgend eine Veränderung im Verhältnis zu seiner Umgebung.

Die dritte, die sozialkritische Struktur ist etwas komplexer und durchzieht den Text nicht so kontinuierlich wie die beiden bisher genannten. Sie vereinigt vielmehr in sich folgende wichtige sozialkritische Themenkomplexe:

1. Die Ideologie der Staatsmacht, der neue *Zeitgeist:* Er wird vor allem dargestellt in seiner Wirkung auf die Menschen, die ihm ausgesetzt sind, insbesondere in seiner Wirkung auf die Jugend, vornehmlich die Schulklasse, und auf den Lehrer. Dazu gehört aber auch dessen kritische Auseinandersetzung mit diesem Zeitgeist. Die findet hauptsächlich auf der Reflexionsebene statt. Auf der Handlungsebene zeigt sich diese Textstruktur vor allem im Verhalten der Schüler in der Schule wie auch im Lager.
2. Als einen im Text eher knapp gehaltenen Themenbereich die Rolle der Kirche im Staat, insbesondere im totalitären Staat.
3. Gesellschaftskritik im engeren Sinn: Kritisch beleuchtet wird dabei z. B. die Sozialstruktur der Jugend. Dazu kommen die familiären Verhältnisse, exemplarisch vorgeführt an den Familien der Schüler T und Z, aber auch am Schicksal Evas.
4. Einen eigenständigen Komplex dieser Struktur mit vielen Facetten bildet die Darstellung der Frau.[14]

Die drei dominierenden Textstrukturen sind zudem miteinander verknüpft. Den wichtigsten Knotenpunkt stellt dabei die Figur des Lehrers dar. So schöpft er als Detektiv einen wesentlichen Teil seiner Motivation für die Aufklärung des Verbrechens aus seiner Auseinandersetzung mit Gott und mit seinem Glauben. Die Ursachen des Verbrechens wiederum hängen mit dem neuen Zeitgeist zusammen, aber auch mit den gesellschaftlichen Verhältnissen. Somit gerät im Roman die Aufklärung eines Verbrechens gleichzeitig zur Sozialkritik und zur Darstellung einer religiösen Erfahrung.

4.2 Textkonstituierende Elemente

4.2.1 Die Kapiteleinteilung und die Funktion der Überschriften

Gerade bei einem Text wie dem vorliegenden, der, obwohl für einen Roman nicht übermäßig umfangreich, doch in 44 Kapitel unterteilt ist und dessen Handlung an zwei Stellen abrupt durch ihrem Umfang nach recht unbestimmte Zeitsprünge unterbrochen wird, stellt sich die Frage nach der Kohärenz. Die Einteilung in diese 44 kleinen Textabschnitte bewirkt zwar eine starke Segmentierung[15] des Gesamttextes, zugleich aber auch seine Strukturierung, denn der Romaninhalt wird dabei auf kleine überschaubare Einheiten verteilt.

Der Umfang dieser Kapitel schwankt zwischen einer und sieben Seiten, wobei die Mehrzahl zwei bis drei Seiten umfasst. Nur zwei Kapitel – **Auf der Suche nach den Idealen der Menschheit** und **Adam und Eva** – gehen mit sechs bzw. sieben Seiten deutlich über diesen Rahmen hinaus. Auf die übergeordnete Einteilung in die vier großen Handlungsschritte bezogen, lassen sich zwei kürzere und zwei längere Teile erkennen. Der erste und der dritte Handlungsschritt umfassen sieben bzw. acht Kapitel, der zweite und vierte umfassen vierzehn bzw. fünfzehn Kapitel.

In der Forschungsliteratur werden die gerade genannten Auffälligkeiten unterschiedlich bewertet. Zum einen wird vom Improvisationscharakter von HORVÁTHS Arbeiten, insbesondere des Prosawerkes, gesprochen, das fragmentarischen Charakter habe, auf der anderen Seite korrigiert z.B. A. Steets diese Auffassung, indem sie neue Gesichtspunkte einführt.[16] Danach ergeben sich die oben genannten Eindrücke aus der Arbeitsweise HORVÁTHS, weil er parallel zum Konzept für ein Werk bereits einzelne Einfälle detailliert ausführte. Aus den so entstandenen Einzelteilen montierte er dann oft den gesamten Text. Dafür, dass dabei kein episodenhafter, rein assoziativ gefügter Text entsteht, macht B. Garbe drei Kompositionsprinzipien verantwortlich[17], die sich in ihrer Kohärenz stiftenden Wirkung gegenseitig verstärken. In einer sogenannten *Mikrokomposition* des Romans entstehen die 44 in sich geschlossenen Kapitel. Ihre Überschriften sind mit dem Kapitelinhalt, insbesondere aber mit dem Kapitelschluss, durch Wortwiederholungen verbunden und der wechselseitige Bezug von Kapitelanfang und -schluss bewirkt den Eindruck der Geschlossenheit. Diese *intrastrukturelle Verknüpfung* wird ergänzt durch eine *interstrukturelle Verknüpfung*, die besonders aufeinander folgende Kapitel verbindet. In der Regel geschieht dies dadurch, dass Formulierungen vom Ende eines Kapitels am Anfang des darauf folgenden wiederholt werden. Dadurch verknüpft HORVÁTH die selbstständigen Kapitel zu größeren Einheiten.

Als dritte Komponente tritt noch eine sogenannte *Makrokomposition* hinzu. Hierbei werden durch Äquivalenzbezüge **Abschnitte** [...] **großräumig aufeinander bezogen**[18], bevorzugt durch Vor- und Rückverweise, mittels Überschriften, Motiven und Zitaten. Auf diese Weise entfaltet HORVÁTH ganze Motivketten, wobei sich die Motive in den Kapiteln, aber auch in deren Überschriften finden.

Dadurch erfüllen die Kapitelüberschriften folgende Funktionen:

1. Sie verweisen intrastrukturell im jeweiligen Kapitel auf einen konkreten Begriff oder Sachverhalt, meist am Kapitelende, und machen durch die kompositorische Anordnung das Kapitel zu einer Einheit.
2. Sie verknüpfen intertextuell einzelne Kapitel zu größeren Einheiten.
3. Sie erhalten über den konkreten Bezug hinaus auch metaphorische oder symbolische Bedeutung und bilden dadurch für den Leser einen Deutungshorizont bezüglich des Kapitelinhalts. Da die einzelnen Kapitel zusätzlich miteinander verknüpft sind, entsteht zugleich ein übergeordneter Sinn- und Interpretationszusammenhang.

4.2.2 Motive und Motivketten

Eine Technik der *Makrokomposition,* nämlich der Einsatz von Leitmotiven[19], ist im Roman besonders ausgeprägt und soll im Folgenden genauer analysiert werden. Grundlegend für die Kohärenz des Romantextes sind die vier folgenden Motive[20]: das Gottesmotiv, das Augenmotiv, das Fischmotiv und die Jugend als Motiv. Sie finden sich in allen vier Handlungsschritten, sind – mit einer Ausnahme – in sich noch differenziert und verbinden sich zu einem Motivkreis, der den gesamten Text verklammert. Die Differenzierung und die wechselseitige Verknüpfung gestalten sich folgendermaßen:

Das Augenmotiv ist in sich differenziert in das Motivpaar **Rehaugen** – Fischaugen, in die **starren, haßerfüllten** Augen der Heimarbeiterkinder und in **Evas Augen.** Diese wandeln sich im Verlauf der Handlung von **Evas Augen** zu **Diebsaugen** und schließlich in **die anderen Augen.** Die wiederum verweisen auf Gott, dessen Augen zuerst **kalt und stechend,** dann aber **gütig und lächelnd** blicken. Über das Augenmotiv sind also bereits drei der vier Leitmotive miteinander verbunden und auch das vierte, die **Jugend,** ist mit den drei bereits genannten verknüpft. Einmal ist die **Jugend** mit **Gott** schon im Romantitel verbunden, dann **Jugend** und **Augen** über **Evas Augen,** die **Augen der Heimarbeiterkinder** und über die **Fischaugen** des Schülers T.

Auch die Motive **Gott** und **Jugend** sind in sich differenziert. So begegnet dem Erzähler Gott in sich wandelnder Gestalt[21]. Die Jugend tritt zu Beginn des Romans als anonyme Gruppe auf, die sich erst im Verlauf der Romanhandlung zunehmend unterteilt: in der Klasse durch das Hervortreten der Schüler T, Z, N und W. Danach treten weitere Gruppen auf: die Jugendbande, die Mädchenklasse, aus der ebenfalls zwei Figuren herausgelöst werden, die Kinder in den Fenstern und schließlich der Klub.

Damit sind die dominierenden Motive erfasst, aber noch nicht alle wichtigen. Der religiösen Struktur muss man noch folgende Motive bzw. Motivgruppen zuordnen, die fast ausnahmslos mit **Gott** und der **Jugend** verknüpft sind: die Motivkette **Regen – Sintflut – Gottesstrafe** und die Motivkette **Adam und Eva – Sündenfall – Vertreibung aus dem Paradies** und schließlich **der römische Hauptmann.** Mit dem Leitmotiv **Fisch** verbunden ist der Komplex **Fischen – Fisch fangen – Ködern – ins Netz gehen,** der insgesamt zur Kriminalhandlung gehört.

4.2.3 Erzählperspektiven

Der Erzähler tritt uns – als strukturelle Größe des Textes betrachtet – als ein Ich-Erzähler entgegen. A. Steets[22] stuft ihn als personalen bzw. persönlichen Ich-Erzähler ein. Er zeichnet sich dadurch aus, dass er nicht nur beobachtendes und berichtendes Ich ist, sondern in weitaus größerem Maße auch erlebendes Ich. Daraus ergeben sich zwei in einer Figur vereinigte Erzählerstandpunkte: Das erlebende Ich sieht und erlebt die Welt aus seiner ganz persönlichen Sicht, das beobachtende Ich berichtet im Rückblick das Erlebte.

Den zwei Komponenten berichtender und erlebender Ich-Erzähler kann man folgende Handlungsebenen zuordnen[23]: die Ebene der äußeren Handlung dem berichtenden Ich, die der inneren Handlung und die Reflexionsebene dem erlebenden Ich.

Ein wichtiges Merkmal eines jeden Ich-Erzählers ist die Einengung der Sichtweise, sozusagen seine Parteilichkeit. Dies gilt grundsätzlich auch für den Erzähler in *Jugend ohne Gott*, denn das meiste, was wir erfahren, wird aus seiner Perspektive dargestellt und damit eingeengt und gefiltert. Der Einseitigkeit der Darstellung wirkt Horváth durch zwei erzählerische Mittel entgegen. Das eine ist die häufige Verwendung von Dialogen. Die wichtigsten Dialogpartner des Erzählers sind dabei Julius Caesar und der Pfarrer, daneben auch T, B als Abgesandter des Klubs sowie der Geist des toten N. Wichtig sind sie insofern, als sie der Erzählerperspektive eine eigene Sicht der Dinge entgegen- oder zumindest zur Seite stellen. Das zweite erzähltechnische Mittel, das dem Leser eine differenziertere Bewertung der Romanhandlung erlaubt, ist die Einrichtung von Figurenperspektiven. Sie sind eigenständige Perspektiven, weil diese Figuren mit dem Lehrer nicht im direkten Dialog stehen.

Die jeweiligen Inhalte werden zwar vom Erzähler wiedergegeben, doch sind Bericht und Erzählerkommentar deutlich getrennt. Eine Figurenperspektive kommt den Mädchen zu, die der Lehrer im Wald belauscht. Der Erzähler ist dabei für einen Augenblick nur *Verstärker*, bevor er mit seinem Kommentar einsetzt. Der wichtigste Träger einer selbstständigen Perspektive ist allerdings der Schüler Z durch sein Tagebuch.

J. Eckardt[24] spricht in diesem Zusammenhang von **objektivem Material dokumentarischer Art**, meint damit allerdings mehr als nur das Tagebuch. Z als Perspektiveträger leistet für den Roman und für den Leser dreierlei: Erstens ermöglicht er dem Leser einen Einblick in die Gefühlswelt und in das Denken eines Jugendlichen und Schülers. Zweitens werden im Tagebuch die Vorgänge und Ereignisse im Lager bis zu einem bestimmten Zeitpunkt aus einer unabhängigen Perspektive dargestellt. Dabei werden Erzählerbericht und Erzählerreflexion relativiert, z.B. die pauschalen Vorurteile des Erzählers[25]. Drittens ermöglicht Z dem Leser einen Einblick in das Mutter-Sohn-Verhältnis, das dem Erzähler ja verschlossen ist.

4.2.4 Tempusgebrauch und Zeitstrukturen

Der Wechsel zwischen den Erzählebenen erfolgt meist sehr plötzlich und oft auch in schneller Folge. Neben inhaltlichen Gesichtspunkten ist der Tempusgebrauch[26] – gemeint ist der Wechsel vom Präsens ins Präteritum und umgekehrt – ein hilfreicher Indikator. Die äußere Handlung – im Wesentlichen die Kriminalhandlung und die Vorgeschichte in der Schule – wird im Präteritum erzählt, während die Inhalte der Reflexionsebene im Präsens erzählt werden. Durchgängig ist der Tempusgebrauch als Indikator aber nicht zuverlässig, da in der zweiten Romanhälfte das Präsens generell dominiert. Die Reflexionsebene und die Ebene der inneren Handlung lassen sich dagegen nur inhaltlich unterscheiden, da bei beiden das Präsens verwendet wird.

Generell kann man zum Aspekt Tempuswechsel Folgendes festhalten:

Der Wechsel vom Präteritum ins Präsens zeigt eine Vergegenwärtigung des Geschehens an, die meist von Ereignissen der äußeren Handlung ausgelöst wird. Umgekehrt verweist der Wechsel vom Präsens ins Präteritum auf die Darstellung des Geschehens. Dieser Wechsel ist oft mit einem Perspektivenwechsel vom erlebenden zum erinnernd-berichtenden Ich verbunden. Der berichtende Ich-Erzähler distanziert sich dabei sozusagen von sich selbst als erlebendem Ich.

Bei der Gestaltung der Zeitstruktur lassen sich erzählte Zeit und Erzählzeit nur annähernd bestimmen. Die erzählte Zeit, die ja das gesamte

Handlungsgeschehen des Romans umfasst, ist dabei etwas genauer zu bestimmen und umfasst wohl den Zeitraum von sechs bis sieben Monaten. Der Anfang der Handlung wird durch ein Datum markiert, einen 25. März, allerdings ohne Jahresangabe. Bis zum 28. März kann man den Zeitablauf noch genau verfolgen, dann werden die Angaben ungenau: **Ostern war nicht mehr weit** (33), heißt es anlässlich der Beerdigung des Schülers W. Der zweite Handlungsschritt umfasst nach den Angaben des Erzählers und den Eintragungen im Tagebuch von Z eine Woche: vom Dienstag nach Ostern bis zum darauf folgenden Dienstag. Zwischen zweitem und drittem Handlungsschritt liegt ein nur vage bestimmbarer Zeitraum von fünf bis sechs Monaten: **Es ist inzwischen Herbst geworden** (82). Der dritte und vierte Handlungsschritt umfassen insgesamt knapp zwei Wochen. Der Prozess dauert im Grunde nur einen Tag, bevor er platzt und verschoben werden muss. Für die Jagd nach dem Mörder kann man aus der Zahl der Berichte acht bis zehn Tage ansetzen. Der Zeitraum zwischen dem vorletzten und dem letzten Kapitel bleibt wiederum unbestimmt.

Daneben wird aber auch noch die aus der Erzählgegenwart resultierende Erzählzeit erkennbar[27], wenn auch eher schemenhaft. Für sie gilt das Präsens als Erzähltempus. Insgesamt sind es drei Stellen, zwei davon weisen sogar über die Erzählgegenwart jeweils hinaus:

Erstens der Romananfang, der die Situation eines Tagebuch schreibenden Erzählers suggeriert, außerdem die einzige Stelle, die mit einer Datumsangabe versehen ist.

Zweitens die Einleitung zum dritten Erzählschritt: **Morgen beginnt der Prozeß** (82). Sie markiert zugleich die Mitte des Romans.

Drittens das ganze letzte Kapitel, beginnend mit dem auf die Zukunft verweisenden Einleitungssatz **Morgen fahre ich nach Afrika** (148).

Auch die Erzählzeit wird durch Pausen unterbrochen, die sich an den Unterbrechungen der Romanhandlung insgesamt orientieren.

4.3 Die Sprache Horváths

Die Sprache Horváths muss im Zusammenhang mit seinen dichterischen Absichten gesehen werden: **Es gibt für mich nur ein Gesetz und das ist die Wahrheit.** [28] Diesem Ziel verpflichtet sich ja auch der Lehrer als Erzähler des Romans, nachdem er sich endgültig entschlossen hat vor Gericht die Wahrheit zu sagen. Die Wahrheit offen zu legen heißt für Horváth das Bewusstsein seiner Figuren offen zu legen, sie zu demaskieren[29] und damit ihre jeweiligen Schwächen deutlich werden zu lassen. Dies gilt für die Theaterstücke, auf die sich die genannte Textstelle bezieht, aber auch für die Prosastücke. Die Demaskierung vollzieht HORVÁTH über die Sprache, die er seinen Figuren gibt, den sogenannten Bildungsjargon[30]. Dieser Jargon ist ein Sprechen in vorgefertigten und unreflektiert übernommenen Versatzstücken[31], **bei dem die Figuren nicht zu Worte kommen, nur zu Wörtern. Die Rede ist Ausrede. Die Phrase drischt den, der sie zu dreschen meint.**[32] Bricht diese Fassade aus kleinbürgerlicher oder anderer Ideologie zusammen, kommt die Leere, d. h. der Mangel an selbstständigem Denken, bei den Figuren zum Vorschein.

Somit ist klar, warum die Sprache des Romans besondere Aufmerksamkeit verdient und hier wenigstens in ihren wesentlichen Besonderheiten dargestellt wird. Die Forschung charakterisiert HORVÁTHS Sprache – in den Stücken wie in seiner Prosa – als Sprechsprache.[33] Sie darf nicht mit Alltags- oder Umgangssprache gleichgesetzt werden, da sie eine vom Autor für seine Theater- und Romanfiguren geschaffene Sprache ist, verbunden mit den oben genannten wirkungsästhetischen Absichten.

A. Steets erklärt den besonderen Charakter des Romans *JUGEND OHNE GOTT* durch das Zusammenwirken sprachlicher Besonderheiten auf folgenden drei Ebenen[34]:

1. Auf der lexikalischen Ebene fällt die häufige Verwendung ausdrucksschwacher Wörter auf, insbesondere von Modal- und Hilfsverben, sowie blasser Adjektive und umgangssprachlicher Füllwörter wie **halt, mal** oder **nun mal,** die jeder Aussage einen ebenso allgemeinen wie unbestimmten Charakter verleihen.
2. Auf der syntaktischen Ebene zeigt sich dies in einem auffälligen Zurücktreten sprachlogischer Elemente. Entsprechend treten gehäuft Einwortsätze, Ellipsen und Anakoluthe auf. Schriftsprachlich gültige Satzbaupläne werden abgeändert durch die Voranstellung bzw. den Nachtrag wichtiger Aussagemomente, wodurch diese besonders hervorgehoben werden.
3. Auf der textsyntatktischen Ebene zeigt sich die Sprechsprache besonders in einer deutlichen Bevorzugung der Parataxe.

Darüber hinausgehend hat B. Garbe gezeigt, dass diese Sprechsprache nichtsdestoweniger poetische Sprache ist. Für ihn schreibt HORVÁTH **poetische Prosa mit sehr bewußter Sprachverwendung und minutiös geplanter Textorganisation.**[35] Das wichtigste Merkmal poetischer Sprachverwendung sieht Garbe in der *Deviation,* der ästhetisch begründeten Abweichung von der vertrauten Norm der Alltagssprache.[36] Solche Abweichungen zeigen sich für ihn in folgenden Auffälligkeiten des Romantextes:

1. In einer gehäuften Verwendung von Abkürzungen, deutlich erkennbar z. B. in der Art, wie der Lehrer von seinen Schülern spricht.
2. In einer Sprechsprache, die auf phonologischer, morphologischer und syntaktischer Ebene besonders durch Auslassungen bzw. Verkürzungen erkennbar wird.
3. Im Auftreten dialektaler Wendungen.[37]
4. Im Hervortreten von Elementen folgender Sondersprachen: Schul-, Verwaltungs-, Sport- (Fußball-), Militär- und Justizsprache.
5. In Elementen der Herrschaftssprache der NS-Justiz.
6. In Elementen einer religiösen Sondersprache.

Ergänzen könnte man noch eine bildungsbürgerliche Sprache, die besonders durch humanistisch-philosophisches Gedankengut geprägt ist[38].

Die drei letzten Punkte gewinnen für den Roman besondere Bedeutung, da sich gerade in ihnen die Weltanschauungen zeigen, die im Roman aufeinander treffen: die religiös geprägte des Bildungsbürgertums und der neue *Zeitgeist*, der unverkennbar die Züge der NS-Ideologie trägt.

Den Elementen dieses *neuen Zeitgeistes* wenden sich verschiedene Untersuchungen zu, denn gerade hier findet die Demaskierung durch den Bildungsjargon statt. Es zeigt sich **das Sprechen in Versatzstücken und die Einengung des Denkens durch die systematische Reduktion der Sprachmöglichkeiten**[39] **auf Parolen, die zu Phrasen gerinnen**[40], welche unreflektiert übernommen werden. Die Demaskierung zeigt sich im Roman z.B. bei den Schüleraufsätzen, die der Lehrer zu korrigieren hat, und in den rücksichtslos offenen Formulierungen des Radios, die die Schüler zitieren und deren Wirkung durch die Erzählerkommentare noch verstärkt wird. Sie zeigt sich aber auch darin, dass der Erzähler immer wieder in den **politischen Jargon**[41] verfällt, wenn er seine Schüler kritisiert. Zugleich bietet ihm der Jargon aber auch bequeme Entschuldigungen. Das besondere Gewicht, das der NS-Sprache zukommt, erklärt sich natürlich aus der Absicht, die HORVÁTH mit seinem Roman verbindet: den Menschen im Faschismus zu zeigen.[42]

Mit dem Verfahren der Demaskierung führt HORVÁTH vor, wie sich neues Gedankengut im Bewusstsein seiner Figuren festsetzt und inwieweit dies eigenständiges Denken darstellt. Die religiöse Erfahrung, die der Erzähler im Verlauf der Romanhandlung macht, spiegelt sich in einer wachsenden Überlagerung des politischen Jargons durch eine religiöse Symbolsprache.[43]

5 Die Romanfiguren

5.1 Die Figurenkonstellation

Die Figuren lassen sich unter verschiedenen Gesichtspunkten ordnen und zueinander in Beziehung setzen. Besondere Berücksichtigung finden dabei vor allem die für den Handlungsverlauf wichtigen Figuren, die übrigen lassen sich unschwer in die skizzierte Konstellation einordnen. Ordnet man die Figuren nach ihrem Verhältnis zum Erzähler, der zentralen Handlungsfigur, so ergibt sich Folgendes:

1. Distanz zum Erzähler, die sich je nachdem bis zu Gegner-, ja Feindschaft steigert, zeigen vor allem T, der im Kontext der Kriminalstruktur als Mörder schon rein formal in Opposition zum Lehrer als Detektiv steht. T gehört mit N und Z zu einer exponierten Schülergruppe, die als Gegner des Lehrers auftritt. Dieser Gruppe korrespondiert auf der anderen Seite der Klub als eine Gruppe *kriminalistischer Hilfskräfte.* Hinter T, N und Z steht als relativ anonyme Menge die Klasse dem Lehrer feindselig gegenüber. Zu dieser anonymen Gruppe von Gegnern muss man wohl auch einen Teil der Elternschaft rechnen. Der Bäckermeister N ist das deutlichste Beispiel. Er repräsentiert in seinen Äußerungen und Drohungen[44] zugleich den eigentlichen und gefährlichsten Gegner des Lehrers, den neuen *Zeitgeist* bzw. die ihn verkörpernde Staatsmacht. Sie wird neben dem Bäckermeister – wenn auch nicht als eigentliche Handlungsfigur – vor allem durch das allgegenwärtige Radio dargestellt.
2. Nähe zum Lehrer ist meist verbunden mit dessen Unterstützung durch einzelne Figuren. Dazu zählt, wenn auch nicht vorrangig, der schon genannte Klub. Viel bedeutender sind dagegen der Pfarrer und Julius Caesar, denn beide sind wichtige Dialogpartner des Lehrers, in deren Gesprächen entscheidende Gehalte des Romans dargestellt werden. Beide unterstützen den Erzähler, Julius Caesar bei der Suche nach dem Mörder, der Pfarrer bei der Suche nach Gott und nach einer neuen Arbeitsmöglichkeit. Der Lehrer, der Pfarrer und Julius Caesar werden aber auch durch ihre Opposition zu den gültigen gesellschaftlichen Normen und Wertvorstellungen zu einer Gruppe vereint, auch wenn dies für den Lehrer nicht von Anfang an gilt. Dieser Gruppe von Außenseitern steht die wesentlich größere Gruppe der Angepassten[45] gegenüber.
3. Ein ambivalentes Verhältnis zum Erzähler haben seine gesellschaft-

lich angepassten Eltern. Es ist recht oberflächlich und aus der Sicht des Sohnes sogar distanziert. Zu dieser Gruppe gehören aber auch der Schuldirektor und der Feldwebel im Ferienlager. Beide haben sich angepasst und stützen in diesem Sinne den Hauptgegner des Lehrers, auf der anderen Seite stehen sie ihm nicht eigentlich feindlich, sondern vielmehr wohlwollend gegenüber.

4. In besonderer Beziehung zum Erzähler stehen **Gott**[46] und Eva, da die Beziehungen einseitig vom Erzähler ausgehen. Die zu Gott ist dazu noch einer Veränderung unterworfen. Man kann gleichzeitig von Distanz und Nähe sprechen. Eine weitere Besonderheit liegt darin, dass der Erzähler aus der Beziehung zu Eva, durch seinen Wunsch nach ihrer Bekanntschaft und Nähe wesentliche Momente seiner Handlungsmotivation zieht. Im zweiten Teil des Romans ist es dann der Wunsch ihre Unschuld zu beweisen. Die Figur Eva ist – wie schon gezeigt – über das Motiv der **anderen Augen** mit Gott verbunden und wird dadurch in ihrer starken Wirkung auf den Erzähler als Werkzeug Gottes erkennbar. Somit ist Gott die entscheidende Kraft, die den Lehrer in seinem Tun und damit das Romangeschehen insgesamt beeinflusst und vorantreibt.

Zu einer ähnlichen Grundkonstellation – zumindest was die beiden großen Lager anbelangt – kommt auch B. Röttger.[47] Sie arbeitet mit den Kategorien **Äquivalenz** und **Opposition,** die sie auf zwei **semantische Felder** anwendet. Das erste betrifft das Verhalten der Figuren (beobachten, spotten, verhöhnen), deren dominierende Gefühle (Mitleidlosigkeit, Hass, anderen den Tod wünschen) und Werte (familienbezogener Egoismus, Feigheit, Stolz auf Verbrechen). Hierin kann man für die meisten Figuren, auch für den Lehrer, Äquivalenz feststellen. Opposition zeigt sich dagegen in einem Teilfeld, nämlich in der Fähigkeit und dem Willen zu selbstständigem Denken. In dieser Beziehung hebt sich der Lehrer vom größten Teil seiner Umwelt ab; zusätzlich noch in einer anderen Hinsicht, nämlich in seiner Fähigkeit sich zu ändern, d.h. sich zu entwickeln. Dies zeigt sich besonders in Eigenschaften, die der Erzähler plötzlich an sich feststellt: **anders denken, anders lieben, anders glauben** u. a.

In der Fähigkeit zu selbstständigem, auch oppositionellem Denken und in der Außenseiterrolle gibt es Äquivalenzen zu zwei anderen Figuren, nämlich zu Julius Caesar und zum Pfarrer. Damit ergeben sich die beiden oben schon herausgestellten *Lager,* die in Opposition zueinander stehen. Der Ansatz von Röttger hebt besonders auf die Zwiespältigkeit und die Entwicklungsfähigkeit des Erzählers ab. Dadurch wird dieser immer deutlicher als die wirklich zentrale Romanfigur erkennbar.

Ergänzen und unterstützen lässt sich die bisher erarbeitete Figurenkonstellation durch einen von B. Kranzbühler vorgetragenen funktionalen Gesichtspunkt, nämlich die Bedeutung der Figuren als **Ideen- bzw. Zitatenträger**[48]. Auch Kranzbühler teilt die Romanfiguren in zwei große *Lager*, nämlich in die **Vertreter der *alten*, christlich-humanistisch geprägten Ordnung** und in **Vertreter der *neuen*, nationalsozialistisch geprägten Ordnung.** Beide Lager sind einander feindlich gesinnt und befinden sich in einem Ablösungsprozess des Alten durch das Neue. Das erste Lager wird durch das Dreigespann Lehrer – Pfarrer – Julius Caesar gebildet, das zweite vor allem durch die Jungen der Klasse und den Vater von N.

5.2 Die Hauptcharaktere

Der Lehrer

Der Lehrer ist zweifellos die zentrale Romanfigur und das nicht nur, weil er als Erzähler fungiert. Gleich zu Beginn des ersten Kapitels stellt er sich selbst vor: Er ist gerade 34 Jahre alt geworden und wohnt zur Untermiete. Von Beruf ist er Lehrer am städtischen Gymnasium – mit Pensionsberechtigung, wie er ironisch bemerkt. Aber er ist mit seiner Situation zutiefst unzufrieden. Dieses Gefühl verliert sich erst in der zweiten Hälfte des Romans, anfangs steigert es sich sogar, denn zweimal wiederholt der Lehrer: **Mein Beruf freut mich nicht mehr** (47 u. 55).

Der Grund für seine Unzufriedenheit rührt daher, dass er den Generationenkonflikt in besonderer Weise erfährt. Er steht, wie Julius Caesar im ersten Gespräch mit dem Lehrer sehr treffend feststellt[49], zwischen zwei Generationen[50], der Vorkriegsgeneration seiner Eltern und Julius Caesars und der Nachkriegsgeneration seiner Schüler. Der Generation Caesars fühlt sich der Lehrer in seinen Wertvorstellungen und Idealen verbunden, altersmäßig gehört er jedoch nicht mehr dazu. Auf die Nachkriegsgeneration bezieht sich seine Arbeit und damit ein wichtiger Teil seines Lebens und gerade hier erfährt er mit seinen Vorstellungen die schärfste Ablehnung. Seine Mittelstellung ist also eher ein **Zwischen-den-Stühlen-Sitzen.** Eine Änderung tritt erstmals nach seiner Aussage vor Gericht ein; der Pfarrer, der ihn bald darauf besucht, bemerkt sie sofort: **Richtig, Sie sehen viel heiterer aus** (125). Wirklich zufrieden ist der Lehrer aber erst am Schluss des Romans, nach der Entlarvung des Mörders, als er endgültig alle Brücken hinter sich abbricht und **zu den Negern fährt** (148). Ansonsten scheint der Erzähler wenig Kontakt zu anderen Menschen zu haben, zu seinen Eltern, zu seiner Wirtin, mehr ist nicht zu erfahren. Julius Caesar und der Pfarrer sind ja Zufallsbekanntschaften.

Der Lehrer macht im Verlauf der Romanhandlung eine deutlich erkennbare Entwicklung durch. Diese Wandlungs- und Entwicklungsfähigkeit ist neben seiner funktionalen Bedeutung als Erzähler der Hauptgrund dafür, dass er zur zentralen Romanfigur wird, denn das unterscheidet ihn von allen anderen Figuren. Erst die Entwicklungsfähigkeit macht den Lehrer zum entscheidenden Handlungsträger des Romans.[51] Seine Entwicklungsfähigkeit zeigt sich in verschiedenen Bereichen, doch die entscheidende Veränderung erfährt er in seiner Einstellung zu Gott, entscheidend deshalb, weil sie andere Veränderungen nach sich zieht, sozusagen als Befreiungsschlag, der eine Art Kettenreaktion auslöst. Die Erkenntnis **Heute glaube ich an ihn (Gott)** (94) gewinnt der Erzähler in der Verhandlungspause kurz vor seiner Vernehmung und sie verändert sein Verhalten entscheidend. War dieses bis dahin von Feigheit, Opportunismus und Passivität geprägt, so zeigt er nun Mut, indem er sich entscheidet auszusagen, ohne Rücksicht auf die damit verbundene Bedrohung seiner Existenz. Außerdem wird er aktiv bei der Verfolgung des wirklichen Mörders. Dadurch verliert er schließlich seine Angst. Auch seine Einstellung zu Eva ändert sich, aus sexuellem Verlangen wird Nächstenliebe: **Ich möchte ihr nur helfen** (124). Neben veränderten Gefühlen entdeckt der Erzähler an sich eine neue Art zu denken (119) und ein neues Wahrnehmungsvermögen. Letzteres zeigt sich im Kapitel **Fahnen** (112), wo er die faschistische Gesellschaft plötzlich von einem **höheren Standort aus** wahrnimmt. Sie wirkt jetzt plötzlich verkleinert, unbedeutender, ja geradezu lächerlich.

Untersucht man, was den Erzähler von anderen Figuren trennt oder was ihn mit diesen verbindet, so werden weitere Eigenschaften erkennbar[52].

Mit seinem Vorgesetzten verbinden ihn Egoismus bzw. Opportunismus und Feigheit, mit dem Pfarrer ein gewisser Zynismus. Mit dem Pfarrer und Julius Caesar hat er eine kritische, ablehnende Haltung gegenüber der herrschenden Ideologie gemeinsam, die sich aber vorwiegend in einer passiven Abwehrhaltung äußert. Erst mit seiner Aussage vor Gericht und seinem Bekenntnis zur Wahrheit beweist er persönlichen Mut. Eine Eigenschaft, die ihn von fast allen anderen Romanfiguren positiv abhebt, ist sein kritisches Erkenntnispotenzial[53], er reflektiert von Anfang an seine Umgebung und seine Eindrücke. Er durchschaut schnell die Sprachhülsen der Propaganda und beruft sich auf seinen freien Willen. Zunehmend entwickelt er sozialkritisches Engagement. Nicht zuletzt dadurch wirkt er vorbildlich, denn sein Bekenntnis zur Wahrheit beeinflusst Eva, den Klub und in abgemilderter Form auch Julius Caesar.

Julius Caesar

Er bildet, wie oben bereits angedeutet, zusammen mit dem Pfarrer und dem Lehrer ein Triumvirat der Außenseiter. Der Lehrer war durch seine Ansichten bezüglich der Neger selbst zum *Neger* geworden, der Pfarrer ist, wie er andeutet, nicht freiwillig in dem Dorf als Pfarrer, wobei der Grund seiner Strafversetzung (50) im Dunkeln bleibt. Julius Caesar schließlich ist **eine gestrandete Existenz** (27), denn er ist aufgrund einer Affäre mit einer minderjährigen Schülerin vom Schuldienst suspendiert. Seinen Lebensunterhalt verdient er sich als Hausierer, der mit allerlei Krimskrams herumreist. Außerdem verkehrt er in anrüchigen Lokalen und stellt damit für die bürgerliche Gesellschaft eine Art wandelnde Provokation dar. Mit den beiden anderen Mitgliedern des Triumvirates ist er ein **Zitatenträger der alten Welt**[54], die langsam vom neuen Zeitgeist verdrängt wird. Julis Caesar ist im Gegensatz zum Lehrer in seinen Ansichten recht einseitig und kaum entwicklungsfähig. Der Erzähler nennt ihn einen **Erotomanen** (28). Er selbst bezeichnet sich außerdem als Amateurastrologen und hat einen deutlichen Hang zum Psychologisieren[55], wobei die Anlehnung an Freud deutlich erkennbar ist. Seine Einseitigkeit rührt von seiner Funktion als Zitatenträger her.

Der Pfarrer

In einigen Eigenschaften wurde der Pfarrer bereits beschrieben. Wie Julius Caesar ist ihm eine gewisse Einseitigkeit seiner Ansichten zu eigen. Sein Aufbegehren und seine Kritik richten sich dabei mehr gegen die Amtskirche als gegen den herrschenden Zeitgeist.[56] Er lässt aber auch eine deutliche sozialkritische Einstellung erkennen. Dem Erzähler fällt im Gespräch mit dem Pfarrer dessen scharfsinnige Argumentation auf, **dieser Pfaffe ist verteufelt gescheit** (51). Außerdem verkörpert er eine gewisse Lebensfreude, denn er ist gesellig, freundlich und redet viel und gern um die Leute zum Glauben zurückzubringen. Der Erzähler beschreibt ihn als **freundlichen, runden Herrn** (35), dessen **Wein nach Sonne und dessen Kuchen nach Weihrauch schmeckt** (47). Außerdem scheint er eine Persönlichkeit mit Ausstrahlung zu sein, denn der Erzähler ist in seiner Nähe befangen. Seine Hauptfunktion aber besteht darin, im Gespräch mit dem Lehrer bestimmte geistesgeschichtliche Positionen einzubringen und zu verteidigen.

Die Schüler Z, N und T

Diese drei Schüler werden herausgegriffen und genauer beschrieben, da sie für die Romanhandlung besondere Bedeutung erlangen. Alle drei treten im Laufe der Romanhandlung – wenn auch zu verschiedenen Zeitpunkten – aus dem anonymen Klassenverband hervor und alle drei stehen in Opposition zum Erzähler.

Der Schüler T

T ist ein stiller Junge, der im Klassenverband eher untergeht und eigentlich nur dem Lehrer auffällt. Er ist höflich und sein auffälligstes Merkmal ist sein seltsam starres Lächeln und sein kalter, beobachtender Blick; wiederholt nennt der Lehrer seine hellen, runden, glanzlosen Augen. Auch scheinen ihm jegliche Gefühlsregungen zu fehlen. Seine Wissbegier gilt drei existenziellen Bereichen menschlichen Lebens: der Liebe, genauer der Sexualität, der Geburt und dem Tod. Besonders im Zusammenhang mit Letzterem tritt er einige Male im Roman auf. Die Tatsache, dass ihm drei wichtige Motive zugeordnet sind: Kälte – der Fisch – Augen, unterstreicht seine besondere Bedeutung als Figur. Im Rahmen der Kriminalhandlung ist er der direkte Gegenspieler zum Lehrer-Detektiv. J. Schröder sieht in ihm sogar eine Art Doppelgänger des Lehrers, der gewissermaßen dessen böse Ich-Teile verkörpert.[57] Eine auffallend enge Verbindung zwischen beiden Figuren lässt sich in ihren Rollen fassen: auf der äußeren Handlungsebene als Detektiv und Täter, auf der inneren Handlungsebene im Traum des Erzählers als Henker und Mörder[58].

Der Schüler N

Er verkörpert zusammen mit T die neue Generation der Jugendlichen, die ganz der Ideologie des neuen Regimes hörig ist. Er hat die neuen Werte verinnerlicht und verweigert, ja verachtet selbstständiges Denken, z. B. Selbstreflexion, die Z mit seinem Tagebuch praktiziert. Er fühlt sich in der Menge aufgehoben, wirkt eher ängstlich und hinterlistig. Auf jeden Fall unterwirft er sich den jeweiligen Autoritäten. Dem Lehrer gegenüber leistet er keinen offenen Widerstand, handelt aber ganz nach den Anweisungen seines Vaters, indem er seinen Lehrer bespitzelt. Ansonsten ist er kein auffälliger Schüler. Hervorzuheben ist seine Rolle als Opfer. Er ist es in doppelter Weise, einmal Opfer in der Kriminalhandlung, indirekt aber auch Opfer der neuen Ideologie.

Der Schüler Z

Auch er ist kein besonders auffälliger Schüler; im ersten Teil des Romans, also bis zum Lager, tritt er überhaupt nicht in Erscheinung. Erst im Zusammenhang mit den Ereignissen im Ferienlager erhält Z für den Leser individuellere Züge. Hier fällt er erstmals auf als einer, der sich

schwer einreihen läßt (39). Sein Individualismus besteht vor allem darin, dass er ein Tagebuch führt und **über sich nachdenkt** (62). Äußerlich wirkt er angepasst und unauffällig, hat sich aber einen inneren Freiraum bewahrt, was besonders in seinen Tagebucheintragungen zum Ausdruck kommt. In seiner äußeren Angepasstheit, seinem Hang zur Selbstreflexion und seiner Verachtung der Plebejer ist er dem Lehrer durchaus wesensverwandt. Gerade durch sein Tagebuch wird er als Mensch erkennbar, als einer, der Gefühle und Wünsche hat. Er ist leicht erregbar und wird schnell aggressiv, zumindest verbal. Von seinen Mitschülern unterscheiden ihn seine Erfahrungen mit Liebe und Tod[59]. Die zweite wichtige Textstelle, die ihm als Figur besondere Konturen gibt, ist seine Vernehmung vor Gericht. Hier zeigt sich der vernachlässigte und vereinsamte Junge, der manchmal altklug wirkt, zugleich aber auch sehr naive Vorstellungen hat. Das Verhältnis zu seiner Mutter ist recht gespannt.

Der Klub

Der Klub besteht aus einer Gruppe von vier Jugendlichen verschiedener sozialer Herkunft. Er tritt als Kollektiv in Aktion, in der Romanhandlung repräsentiert ihn meist der Schüler B. Die Mitglieder zeichnen sich durch Interesse an verbotenen Büchern und durch Begeisterungsfähigkeit für Ideale aus. Sie sind als Figuren insofern beweglich, als sie sich zu selbstständigem Denken anregen lassen. So ging der Impuls zur Gründung des Klubs und seiner Zielsetzung vom Verhalten des Lehrers aus, seinem mutigen Bekenntnis zur Wahrheit und der Erfahrung, dass er **immer sagte, wie es sein sollte** (90). Außerdem sind die Mitglieder des Klubs bereit ihre Vorstellung in die Praxis umzusetzen und zu handeln.

Die Frauengestalten

Auch bei den Frauengestalten werden die herausgegriffen, die individuellere Züge erhalten und besondere Bedeutung für die Romanhandlung erlangen: Eva, die Mutter von Z und die Mutter von T.

Eva

Eva ist zweifellos die wichtigste Frauenfigur des Romans. Sie ist ca. 15 bis 16 Jahre alt, schlank und groß. Ihre Kindheit und Jugendzeit ist von bitteren Erfahrungen geprägt, die ihr Verhalten beeinflussen. Aufgewachsen als Waise, gezwungen in Stellung zu gehen, dabei früh den Nachstellungen der Männer ausgesetzt, landet sie bald in einem Erziehungsheim. Sie scheint auch schon früh erste sexuelle Erfahrungen gesammelt zu haben. Dies alles hat sie hart und rücksichtslos gemacht. So hat sie ihren ersten Auftritt bei dem Überfall auf die alte blinde Frau als Anführerin einer Jugendbande, die sich von Diebstählen ernährt. Dabei zeigt sich Eva recht skrupellos. Bedenkenlos und berechnend setzt sie auch ihre körperlichen Reize gegenüber Z ein um ihn vom Wachdienst abzulenken. Sie macht sich wenige Illusionen über die Gerechtigkeit in der menschlichen Gesellschaft, die ihr bisher so hart zugesetzt hat. Auf der anderen Seite gehört sie zu den wenigen Figuren des Romans, die der Lehrer durch sein Verhalten vor Gericht beeindruckt und zu eigenem Handeln bewegt. Auch Eva ist ein Opfer, wenn auch in anderer Weise als N.

Die Mutter von Z
Sie ist die Witwe eines Universitätsprofessors und tritt im Roman nur mit Schleier, also gesichtslos, und schwarz gekleidet auf. Sie scheint hysterisch und eifersüchtig auf alle Frauen zu sein. Der Sohn kennt sie nur als herrische, streitsüchtige Frau mit keifender Stimme. Sie hingegen sieht in ihrem Sohn nur dessen Vater und seine Schwächen als Ehemann. Sie ist offenbar unfähig ihrem Sohn Wärme und Geborgenheit zu geben.

Die Mutter von T
Sie ist egozentrisch und hat im Grunde kein Interesse an ihrem Sohn, der von ihr genauso vernachlässigt wird wie Z von seiner Mutter. Für sich spricht die Bemerkung des Hausdieners, dass T sich bei seiner Mutter anmelden müsse, wenn er mit ihr sprechen wolle. Auch diese Frau versagt in ihrer Rolle als Mutter. Sie scheint nur an ihren gesellschaftlichen Pflichten und Kontakten interessiert zu sein. In Erscheinung tritt sie als **Dame […], elegant und gepflegt** (142) und angesichts des Selbstmordes ihres einzigen Sohnes ist sie unfähig zur Trauer. **Sie kann nicht weinen** (142), geht es dem Lehrer durch den Sinn.

6 Thematische Schwerpunkte des Romans

6.1 Der neue Zeitgeist

In einem Brief vom 26. 10. 1937 an Franz Theodor Csokor charakterisiert HORVÁTH seinen eben zur Auslieferung kommenden neuen Roman *JUGEND OHNE GOTT* folgendermaßen: **Es ist mir dabei noch etwas aufgefallen, nämlich, daß ich ohne Absicht, auch zum erstenmal den sozusagen faschistischen Menschen (in der Person des Lehrers) geschildert habe, an dem die Zweifel nagen – oder besser gesagt: den Menschen im Faschismus**[60]. Damit ist ein deutlicher inhaltlicher Akzent gesetzt. Im Faschismus leben in diesem Roman eine ganze Reihe von Menschen, der Lehrer ist aber einer der wenigen, die sich damit auseinander setzen. Der Faschismus tritt im Roman nicht so sehr als alles beherrschender Polizeistaat auf, sondern vielmehr in Form seiner allgegenwärtigen Ideologie, der die meisten Figuren des Romans ausgesetzt sind. Diese Ideologie, der neue *Zeitgeist,* ist durch folgende Merkmale charakterisiert:

1. Durch eine Überbewertung der eigenen Gruppe und eine rassistisch wie sozialdarwinistisch gefärbte Argumentation zu deren Begründung.
2. Durch eine Erziehung der Jugend zum Krieg, z.B. in einer daraufhin ausgerichteten vormilitärischen Ausbildung, die besonderen Wert auf Abhärtung, Gehorsam und Opferbereitschaft legt. Davon spricht das **geheime Rundschreiben** (19) und dies zeigt sich auch am Ausbildungsprogramm im Ferienlager der Jungen wie auch der Mädchen, die in der Nähe des Lagers auf dem Schloss wohnen: Sport, Fahnenappell, Geländemarsch, wehrkundliche Spiele, Schießen.
3. Die Opferbereitschaft wird verknüpft mit einer Überbewertung der eigenen Gruppe und der Verdammung jeder Form von Individualismus. **Sie wollen Maschinen sein [...] und noch lieber Munition** (24), sagt der Erzähler von ihnen, und N verachtet Z für dessen Tagebuchführung als **typische Überschätzung des eigenen Ichs** (61).
4. Eine wichtige Grundlage für die Vermittlung solcher Einstellungen und Werte sind Antiintellektualismus und Antihumanismus. Das Denken ist den Anhängern der Ideologie verhasst[61] und Humanität wird zur **Humanitätsduselei** (19). Dazu kommt der Verzicht auf jegliche moralische Begründung eigenen Tuns.

Wichtigste Vermittlungsinstanzen dieser Ideologie sind einmal die Medien, insbesondere das öfter zitierte Radio, dann aber auch die Schule. Das zeigt sich in den verordneten Aufsatzthemen und darin, wie Lehrer und Schulleiter damit umgehen.

Dem Leser tritt der *neue Zeitgeist* auf verschiedene Weise entgegen:

1. Indirekt durch den wiederholten Verweis auf das Radio und auf das, was es verbreitet und welchen Stellenwert eine solche Verlautbarung hat, [...] **was einer im Radio redet, darf kein Lehrer im Schulheft streichen** (13).
2. In Reflexionen des Lehrers, dort meist verbunden mit einer kritischen bzw. ablehnenden Bewertung.
3. In offensichtlichen Anspielungen auf historische Vorbilder, wie z.B. den **Geburtstag des Oberplebejers** (112).
4. In Zitaten verschiedener Art: in Aufsatzthemen und -passagen, in zitierten Erlassen (19) oder Verordnungen (34) und in Pressezitaten (83 f.). Aber auch in das Vokabular einzelner Figuren, z.B. des Lehrers, haben sich typische abwertende Begriffe und Schlagwörter eingeschlichen, mit denen die eigene Position verteidigt und der Gegner abgewertet wird: **Pest, verseucht sein, Plebejer, Verbrecher, Sabotage am Vaterland.** Die wichtigsten Zitatenträger sind dabei vor allem der Lehrer, Bäckermeister N und sein Sohn, aber auch der Feldwebel im Ferienlager oder die begleitende Lehrerin der Mädchenklasse.

So kann man abschließend feststellen, dass Horváth eine zwar weit gehend nur angedeutete, aber dennoch in sich schlüssige Ideologie als *Zeitgeist* entfaltet, die Ähnlichkeit mit der nationalsozialistischen aufweist.

6.2 Faschismuskritik

Die erkennbaren Elemente der faschistisch-nationalsozialistischen Ideologie wurden im Wesentlichen bereits dargestellt. Kritik übt Horváth mit unterschiedlicher Deutlichkeit. Auffällig ist, dass **Äußerungen des Zeitgeistes** stets von einem wertenden Kommentar des Erählers begleitet werden. Garbe[62] differenziert in diesem Zusammenhang vier Arten der Sprachverwendung nationalsozialistischer Ideologie: das reine Zitat, das Vorführen des Sprachgebrauchs, den Kommentar und Umformulierungen. Immer ist die Sprachverwendung mit einer kritischen Absicht verknüpft. Die Intensität der Kritik wird besonders durch die gewählte Art der Darstellung der Ideologie variiert. Sie steigert sich vom bloßen Zitat in einem bestimmten Kontext über Kommentar und Bewertung zur Ironisierung, ja sogar zur offenen Verspottung in meist grotesken Szenen[63].

Als fast reines Zitat kann man die Worte des Bäckermeisters ansehen, da hier Wortwahl und Satzbau für sich wirken und das Gesagte lächerlich erscheinen lassen. Außerdem wird die Textstelle dadurch noch bewertet, dass der Erzähler den Bäckermeister kurz zuvor als absolut **dumm** bezeichnet hat. Ähnlich arbeitet HORVÁTH, als der Schulleiter das **geheime Rundschreiben** zitiert, denn er und der Erzähler lächeln verständnisvoll. Die weitaus häufigste Form der Kritik ist der Erzählerkommentar, der sich auch oft mit Ironisierung mischt. Ironie wird meist erkennbar an verniedlichenden Formulierungen wie **der liebliche Gesang** (13), **Kindlein** (14), besonders wenn kurz zuvor eine deutliche Abwertung stattgefunden hat, wie mit **schief, falsch** oder **hohle Phrasen** (13). Andere Formen der Ironisierung sind die Substitution durch das Gegenteil, Übertreibung, Understatement oder Wiederholung eines Ausdrucks auf einer anderen Ebene[64]. Kritik durch Steigerung ins Groteske findet sich besonders an zwei Stellen, erstens bei der Darstellung der Ideale der Jugend durch den Erzähler (24) und zweitens in den Träumereien des Erzählers, als er auf Wache ist. Der Faschismus und seine Anhänger werden mit folgenden Begriffsfeldern in Verbindung gebracht:

1. Bande (23), keine Menschen (23), Verbrecher (24), jedem alles zutrauen (115),
2. Faschismus als Krankheit, Pest und Verseuchung (24/25),
3. Faschismus als Mist, Dreck und Gestank (58/112),
4. Faschismus als antirationalistisch, **alles Denken ist ihm verhaßt** (24), die **besoffene Vernunft,** Verrücktheit, Wahnsinn, Irrsinn (44/58/112).

In der Tanzszene zeigt sich die Verdrehung der Werte in den Paarungen der Tänzer: Feigheit und Tugend, Lüge und Gerechtigkeit, Erbärmlichkeit und Kraft, Tücke und Mut (58). Nur die Vernunft steht abseits, sie ist verblödet und außerdem besoffen, niemand kümmert sich um sie.

Besonders an dieser Stelle und im Kapitel **Fahnen** (112) weitet sich die Faschismuskritik zu einer allgemeinen Gesellschaftskritik, in der all diejenigen mit ins Blickfeld gerückt werden, die das faschistische Regime aktiv oder passiv, gewollt oder ungewollt unterstützen: Das ist die bereits erfolgreich beeinflusste Jugend, die gehorsamen Schülerinnen und Schüler. Das sind aber vor allem ihre Eltern, die **reichen Plebejer,** seien es der kleinbürgerliche Bäckermeister N oder die großbürgerlichen Eltern von T., die Aktionäre und Sägewerksbesitzer. Vor allem gehört dazu das Heer der **Charakterlosen,** die der Konsolidierung der faschistischen Macht schweigend und tatenlos zusehen oder als Mitläufer möglichst wenig auffallen wollen. Gleichzeitig mischt sich in diese Gesellschaftskritik auch Selbstkritik des Erzählers, der sich ja nicht ausnimmt, sondern sein Handeln als närrisch und verbrecherisch bezeichnet[65].

6.3 Menschen im Faschismus

Die Menschen, die im Roman dem Faschismus ausgesetzt sind, lassen sich nach ihrem Verhalten dem Zeitgeist gegenüber in Gruppen zusammenfassen:

Die erste erfasst diejenigen, die der Ideologie gegenüber aufgeschlossen sind, sie kritiklos akzeptieren, verinnerlichen, ja sogar verteidigen. Zu dieser Gruppe gehören vor allem der Bäckermeister N und sein Sohn, in Ansätzen der Feldwebel und Teile der Schulklasse, zumindest T und wohl auch Z.

Die zweite und bei weitem größte Gruppe unter den Handlungsfiguren vereint diejenigen, die sich im System einrichten ohne die Ideologie wirklich zu übernehmen. Sie verhalten sich ihr gegenüber weit gehend passiv bzw. gleichgültig, haben mitunter sogar innere Vorbehalte, zeigen diese aber aus Opportunismus oder auch nur aus Angst vor Repressionen nicht nach außen. Zu dieser Gruppe muss man wohl den Großteil der Elternschaft rechnen, aber auch einen Teil der Jugend und der Lehrerschaft am Gymnasium. Herausragende Repräsentanten dieser Gruppe sind der Schulleiter, der seinen Standpunkt ja explizit darlegt: [...] **die Altersgrenze erreichen, um die volle Pension beziehen zu können** (20), und der Lehrer in der ersten Hälfte des Romans. Zumindest will er sich wiederholt zu einem ähnlichen Standpunkt überreden. Im Unterschied zu seinem Vorgesetzten überwindet er aber seine opportunistische Haltung und wechselt damit ins Lager der dritten Gruppe.

Diese ist sehr klein. Zu ihr gehören Julius Caesar, der Pfarrer und bald auch der Lehrer. Diese Gruppe zeichnet sich durch eine ablehnende Haltung gegenüber der neuen Ideologie aus. Sie verweigert bzw. entzieht sich dem System, leistet aber bestenfalls passiven bzw. geistigen Widerstand.

Auffälligerweise gibt es keine Gruppe, die offenen Widerstand leistet. Die Verweigerung schwächt das System nicht und derjenige, der durch seine pädagogische Arbeit bei der Jugend etwas erreichen könnte, beschließt ja, seine Werte denen des Zeitgeistes nicht entgegenzustellen. So hat die Jugend kaum eine Chance etwas anderes kennen zu lernen. Weil ihr Alternativen fehlen, die Elterngeneration die neue Ideologie begrüßt, ihr gleichgültig gegenübersteht bzw. dazu schweigt und passiv verharrt, bleibt der Faschismus ohne erkennbaren und wirksamen Gegner schließlich erfolgreich.

6.4 Sozialkritische Aspekte

An der zeitkritischen Relevanz von Horváth scheiden sich die Geister [...], schreibt A. Fritz[66], und zwar aus verschiedenen Gründen. Der frühe HORVÁTH wurde vor allem als Bühnenautor rezipiert, der späte HORVÁTH trat vornehmlich als Prosa-Autor in Erscheinung. Mit diesem Wechsel der Gattung verband sich auch die Verwendung anderer Darstellungsmittel, [...] **vor allem (der) Bildsprachlichkeit von Symbol und Allegorie und parabolischen Vorgängen**[67]. Zudem habe sich, so Fritz weiter, der **Ansatzpunkt von Horváths Zeitkritik von der Einbeziehung leicht erkennbarer, faktischer Zeitumstände, sowie der Darstellung sozialer Strukturen und Verhaltensweisen hin ins Persönliche verlagert**[68], in die persönliche Moral des Einzelnen. So scheint für den Lehrer im Roman die individuelle, moralisch begründete Distanzierung vom faschistischen Staat die einzige Möglichkeit zu sein, kein *Mitarbeiter* und nicht schuldig zu werden, denn schon passives Gewährenlassen bedeutet Schuld[69].

6.4.1 Die Jugend

In den ersten Entwürfen und Notizen zu *JUGEND OHNE GOTT* findet sich ein Text, der wie ein Vorwort klingt, ein Vorwort des Ich-Erzählers oder des Autors, das den Roman als ein Buch von der Jugend für eine zukünftige Jugend bezeichnet und in dem der Verfasser unter Berufung auf seinen Glauben an Gott die Wahrheit des Inhalts beteuert[70]. Schon hier werden die zentralen Begriffe des Romans wie auch seines Titels zusammen genannt: **Jugend** und **Gott.** Im späteren Roman begegnet dem Leser die **Jugend** zunächst als Sammelbegriff für eine anonyme Menge. Verallgemeinernd sprechen sowohl der Lehrer als auch Julius Caesar von **der Jugend.** Erst allmählich erfolgt eine Differenzierung und Individualisierung, und zwar in verschiedener Hinsicht.

1. Im Handlungsverlauf treten aus der anonymen Gruppe – **der Jugend** – immer wieder einzelne Figuren deutlicher hervor und erhalten individuelle Züge. Aus der Klasse treten N, T und schließlich Z immer deutlicher hervor und erhalten individuelle Züge. Aus der Klasse treten N, T und schließlich Z immer deutlicher hervor, aus der Jugendbande das Mädchen Eva, aus dem Klub der Schüler B und aus der Mädchenklasse die zwei Schülerinnen, deren Gespräch der Lehrer belauscht.
2. Parallel dazu wird **die Jugend** auch sozial differenziert. Da ist zunächst einmal die relativ homogene Gruppe der Schüler, die alle der bürgerlichen Mittel- und Oberschicht zugeordnet werden können.

Kein Arbeiter war darunter (17), bemerkt der Lehrer bezüglich der Väter seiner Schüler. Ähnlich wird man auch die Schülerinnen der Mädchenklasse im Schloss einstufen dürfen.

Dann tritt die kleine Gruppe der Jugendbande unter Führung Evas auf. Sie selbst ist aus einem Erziehungsheim entlaufen, die Jungen in der Gruppe gehörten zu den Heimarbeiterkindern im Dorf. Die Heimarbeiterkinder sind schon durch ihre Tätigkeit und Existenzbedingungen als Unterschicht sozial deklassiert.

Als letzte Gruppe tritt der Klub auf; seine Mitglieder gehören der Mittel-, vielleicht auch der Oberschicht an. In der Jugend spiegeln sich also die gesellschaftlichen Verhältnisse und Gegensätze: Die zumindest materiell wohl versorgten Bürgersöhne stehen neben den ums tägliche Brot kämpfenden Mitgliedern der Jugendbande und den Heimarbeiterkindern, die der ganzen Gesellschaft mit stummem Hass gegenübertreten.

3. Durch die Einführung von Figurenperspektiven[71] erhält die Jugend auch eine eigene Stimme um z. B. die pauschalisierende Vorverurteilung durch den Lehrer und Julius Caesar als solche erkennbar zu machen. Eine besondere Bedeutung kommt in diesem Zusammenhang dem Tagebuch von Z und seiner Aussage vor Gericht zu sowie den belauschten Mädchen und N als Traumerscheinung.
4. Eine letzte Differenzierung lässt sich unter dem Gesichtspunkt der Entwicklungsfähigkeit der Romanfiguren durchführen. Unter diesem Aspekt heben sich aus der **Jugend** nur Eva und der Klub positiv ab. Eva findet den Weg zur Wahrheit und der Klub überwindet trotz äußerlicher Anpassung seine Passivität und leistet zumindest geistigen Widerstand gegen die allgegenwärtige Indoktrination des neuen *Zeitgeistes.* In ihrer Entwicklungsfähigkeit sind Eva und der Klub dem Lehrer wesensverwandt. Von diesem gingen ja auch jeweils die Impulse für eine Entwicklung der Figuren aus.

6.4.2 Die Familien

Zeitkritik wird von Horváth im Wesentlichen als Mittelstandskritik[72] und in einem **Aufriß der Generationen**[73] als Generationenkonflikt vorgetragen. Damit will er zeigen, wieso die Jugend so geworden ist. Horváths Hauptkritik richtet sich gegen die Elterngeneration, zu der sich der Erzähler bereits zählt. **Du könntest auch schon einen Sohn haben, denke ich dann** (8), obwohl die meisten Väter älter sind als er (17). Der Alte im Tabakwarenladen gibt der Elterngeneration und dem Lehrer die Schuld für die Grundhaltung der Jugend und damit eine Mitschuld am Verbrechen.

Auffälligerweise gibt es im ganzen Roman keine wirklich harmonischen, intakten Familienverhältnisse. Die Elterngeneration im Roman wird durch Egoismus, spannungsgeladene Partnerbeziehungen und Gleichgültigkeit gegenüber den eigenen Kindern gekennzeichnet. Es findet kein wirkliches Familienleben statt. Dies wird besonders deutlich bei Z und seiner Mutter. Die Fassade der bürgerlich wohl geordneten Verhältnisse bricht während der Gerichtsverhandlung zusammen[74]. Dahinter kommt eine zänkische, egoistische, auf alle Frauen eifersüchtige und in Selbstmitleid zerfließende Frau zum Vorschein, die nur verächtlich von ihrem verstorbenen Mann spricht, und ein sich selbst überlassener und vereinsamter Junge, der der Mutter Liebe und Zuneigung aufkündigt. Ähnlich sind die Verhältnisse in der Familie von T gelagert: absolute Beziehungslosigkeit und Egozentrik bestimmen das Handeln der Eltern. Der Vater ist nie zu Hause, sondern als Industrieller meist geschäftlich unterwegs, die Mutter ist nur an ihren gesellschaftlichen Verpflichtungen interessiert. Ein deutliches Licht auf die Familienverhältnisse wirft die verächtliche Geste des Dieners beim Besuch des Lehrers und seine Bemerkung diesem gegenüber: **Auch der junge Herr muß sich meist anmelden lassen** (128). Auch in dieser Familie ist das Opfer ein vereinsamter und auf sich gestellter Junge, dem Liebe und Zuneigung versagt werden. In der Familie N sind die Verhältnisse etwas anders. Hier beherrscht ein dominanter Vater Frau und Sohn. Die Oberflächlichkeit der Beziehungen kann man allerdings an den Banalitäten ablesen, die die Mutter in ihrem Brief an den Sohn im Ferienlager mitzuteilen hat[75]. Besonders in der willkürlichen Aneinanderreihung der Inhalte und der Schilderung vom Tod des Kanarienvogels kommt die Gefühlskälte der Frau zur Geltung. Selbst die Familie des Erzählers ist von der Kritik nicht ausgenommen. Nach außen hin erscheint sie zwar normal und intakt, doch Eltern und Sohn haben sich nicht viel zu sagen. Die Stimme Gottes bringt dem Erzähler seine Kindheit in Erinnerung: **Die Mutter keift, der Vater schimpft, sie streiten sich immer** (96). Die einzige Ausnahme bilden die beiden Alten. Ihre Beziehung ist von Wärme, Zuneigung und Toleranz geprägt und deshalb hat Gott hier auch eine Wohnung (95).

Die Familie als wichtigste Sozialisationsinstanz hat nach Horváth versagt. Die Jugend findet hier weder Zuwendung noch Wärme noch einen geistigen Rückhalt, so bleibt sie von desinteressierten Eltern allein gelassen und ohne Hilfe den Einflüsterungen des Zeitgeistes ausgesetzt. Es gibt niemanden, der ihm etwas entgegensetzen will oder kann und der heranwachsenden Generation in irgendeiner Weise Beistand leistet.

6.4.3 *Die Schule*

Die Schule hat in diesem Sinne genauso versagt. Das lässt sich schon daran erkennen, dass ihre Vertreter – der Lehrer und sein Vorgesetzter – zwar die Menschenverachtung und Humanitätsfeindlichkeit der neuen Ideologie erkennen, ihr aber nicht offen widersprechen. Sie verleugnen aus Angst um ihre materielle Absicherung die eigenen Ideale. Der Schulleiter drückt es am deutlichsten aus: **Ich könnte ja dem Zeitgeist widersprechen** [...], **aber ich will nicht** (20). So trägt die Schule bei HORVÁTH ihren Teil bei zur geistigen und sittlichen Verwahrlosung der Jugend. Die einzige Ausnahme bildet vielleicht der Dorfschullehrer, der aber als Figur nicht wirklich in Aktion tritt[76] und so kaum eine eigene Stimme hat.

6.4.4 *Das Frauenbild*

HORVÁTH eröffnet – nach Kurt Bartsch – **in seinem Werk einen Einblick in das zeitgenössische kollektive Bewußtsein von der Frau bzw. von der Mann-Frau-Beziehung**[77]. **Insgesamt gilt**, so Bartsch weiter, **für die Frau in der bürgerlichen Gesellschaft, was Max Horkheimer und Theodor Adorno in ihrer Dialektik der Aufklärung festhalten, daß sie** ***als Repräsentantin der Natur zu einem Rätselbild von Unwiderstehlichkeit und Ohnmacht geworden ist***[78].

Damit sind bereits zwei wichtige Merkmale des von HORVÁTH in *JUGEND OHNE GOTT* entworfenen Frauenbildes genannt: ihre Doppelrolle als unwiderstehliche Verführerin und ihre insbesondere gesellschaftliche Ohnmacht durch die materielle Abhängigkeit vom Mann. Die ihr zugewiesene Mutterrolle und die damit verbundene Beschränkung auf den häuslichen Bereich verstärkt ihre Abhängigkeit und Unterdrückung noch. So bleibt die Frau letztlich immer Opfer des Mannes bzw. der Männergesellschaft[79] und ist deren Gesetzen unterworfen. Bei HORVÁTH wird sie daher fast überall abwertend dargestellt.

An drei ausgewählten Situationen weiblicher Abhängigkeit lässt sich dies im Roman exemplarisch zeigen:

1. Ganz deutlich reflektiert Annie, eine Schülerin der Mädchenklasse auf dem Schloss, ihre Situation als Frau im Gespräch mit ihrer Freundin, das der Lehrer ungewollt belauscht, indem sie ihre Mutter zitiert: **Was sollen wir armen Mädchen tun? Mama sagt immer, die Männer sind verrückt geworden und machen die Gesetze** (44). Aber auch die Situation, in der sich die Mädchen selbst befinden, nämlich in einem paramilitärischen Ausbildungslager, zeigt die Unterordnung der Frau unter die Wertvorstellungen einer Männergesell-

schaft. Ihre Lehrerin nennt diese Unterordnung ideologisch verbrämt **Übergang vom Darbietungsprinzip zum Leistungsprinzip** (40), den der neue Zeitgeist fordere. Dieser Übergang markiert dabei nicht so sehr den Übergang in die Abhängigkeit, sondern vielmehr den Übergang von einer Abhängigkeit in eine andere. Beim Darbietungsprinzip hatte sich die Frau an einem Schönheitsideal einer Männergesellschaft orientiert und wollte diesem weitgehend entsprechen, beim Leistungsprinzip muss sie sich wiederum an der Männergesellschaft orientieren und deren Leistungserwartungen erfüllen. Die Unterordnung wird im einen wie im anderen Falle vorausgesetzt. Der Übergang zum Leistungsprinzip markiert neben einer verschärften Abhängigkeit der Frau auch eine Abwertung zu **armen Tieren, Kühen auf der Weide** (40), die in den Augen des Erzählers alles Menschliche verloren haben.

2. Dem Darbietungsprinzip zuzuordnen ist die Rolle der Frau als Verführerin, wobei sie letztlich auch hier das Opfer der Männergesellschaft bleibt. Am deutlichsten treffen diese Aspekte auf das Mädchen Eva zu, denn schon ihr Name drängt sie in die Rolle der Verführerin. Dies zeigt sich in der nächtlichen Liebesszene, die Z in seinem Tagebuch beschreibt (67). Doch auch im Erzähler weckt sie – wenn auch unbewusst – sexuelles Verlangen. Ihr bisheriges Schicksal zeigt sie dagegen eher als Opfer einer von einer Männerwelt bestimmten Sexualmoral. So war sie ja schon als Dienstmädchen das Ziel männlicher Begierden und weiblicher Eifersucht, was sie schließlich ins Erziehungsheim brachte.
3. Die dritte Situation weiblicher Abhängigkeit von einer Männergesellschaft ist die Mutterrolle. Auffällig daran ist die damit verbundene, fast durchgängig abwertende Darstellung der Frauengestalten mit Ausnahme Evas. Die Mütter versagen im Grunde alle in der ihnen zugewiesenen Rolle und werden durchgehend mit negativ besetzten Eigenschaften charakterisiert: die Mutter von Z hat ein unangenehmes Organ (97), brüllt, kreischt und hat eine ekelhafte Stimme. Die Mutter von T ist egozentrisch und kann beim Tod ihres Sohnes nicht einmal weinen. Die Mutter von N ist oberflächlich, dumm und im Grunde gefühllos. Selbst die Mutter des Erzählers keift und streitet mit dem Vater.

Der Erzähler ist als Mann ganz im Denken der Männergesellschaft befangen und insbesondere dem Darbietungsprinzip verhaftet, denn er bewertet Frauen nach ihrem Äußeren. Ein Stereotyp seiner Abwertung der Frau sind die **dicken Beine,** die er mehrmals hervorhebt.

6.4.5 *Gesellschaft – Staat – Kirche*

Gesellschaft

Die im Roman dargestellte Gesellschaft ist bei aller Differenziertheit besonders durch ihre Polarisierung charakterisiert. Sie zerfällt in Arm und Reich, Besitzende und Besitzlose. Die Reichen haben die Macht bzw. kooperieren mit ihr, die anderen sind ihr ausgeliefert und passen sich an. Die Ursachen liegen nach den Worten des Pfarrers bzw. des Dorfschullehrers, den er zitiert, darin, dass die Entwicklung der Technik die gesellschaftliche Entwicklung überholt habe und nach einer neuartigen Kontrolle verlange. Das Fehlen einer solchen Kontrolle erlaube es dem Sägewerksbesitzer, sein Werk aus Rentabilitätsgründen zu schließen (37). Die Beziehung der beiden gesellschaftlichen Gruppen ist von Feindschaft oder Gleichgültigkeit geprägt, bei **den Kindern in den Fenstern** ist es blanker Hass. **Die Reichen sind nur reich, weil sie noch brutaler, gewissenloser und niederträchtiger sind** (51). Nach Ansicht des Pfarrers basiert die Gesellschaft insgesamt auf **Eigenliebe, Heuchelei und roher Gewalt** (49). Ergänzen müsste man noch Feigheit, die z.B. der Lehrer wiederholt an sich selbst feststellt, sowie Gewalttätigkeit und Brutalität, die sich im Roman an verschiedenen Stellen äußern, z.B. im Umgang der Schüler untereinander, bis hin zum Mord, in der Einstellung allem Andersartigen gegenüber und im Überfall der Jugendbande auf die blinde Frau. Gleichgültigkeit und Egoismus zeigen sich dagegen besonders im Verhalten der Elterngeneration am Beispiel der Mütter von T und Z.

Staat

Der Staat wird hauptsächlich im Gespräch des Pfarrers mit dem Lehrer thematisiert und dabei vom Pfarrer in Anlehnung an Aristoteles als etwas der menschlichen Natur Gemäßes und damit als gottgewollt definiert. Damit ist der Staat für ihn an sich gut. Die staatliche Ordnung dagegen sieht er als ein Produkt des menschlichen Willens und deshalb kann sie auch schlecht sein. Er lässt keinen Zweifel daran, dass er die augenblickliche staatliche Ordnung für schlecht hält, denn in ihr ist kein Platz mehr für den Glauben. Der Staat wird von den Reichen beherrscht.

Die staatliche Ordnung tritt im Roman als eine autoritäre, von der faschistischen Ideologie geprägte Ordnung mit folgenden wesentlichen Merkmalen in Erscheinung:

1. Der Staat kontrolliert und manipuliert seine Bürger besonders durch das allgegenwärtige und scheinbar auch allmächtige Radio sowie durch die Presse.

2. Der Staat nimmt durch die Beherrschung der Erziehungseinrichtungen Einfluss auf die Erziehungsinhalte für die Jugend. Die Staatsmacht übt Druck auf die Bürger aus, insbesondere auf die Lehrer, die diesem Druck auch nachgeben. Für den Erzähler gilt dies ja nur für die erste Hälfte des Romans.
3. In diesem Staat haben der Glaube und damit Gott keinen Platz, keine Wohnung.
4. Dem Druck, der von der Staatsmacht ausgeht, stellt sich im Grunde niemand entgegen, man kann sich ihm aber bis zu einem gewissen Grade entziehen.

Kirche

Der Bereich Kirche wird vom Pfarrer als einzigem kirchlichen Repräsentanten verkörpert, und zwar in etwas zwiespältiger Weise. Dies zeigt sich schon in seiner Situation als Strafversetzter, der mit der offiziellen Kirche offensichtlich in Konflikt geraten ist[80]. Das hindert ihn aber nicht, fest auf die bessernde Wirkung des Glaubens und auf Gott zu vertrauen. Einen Unterschied zwischen Kirche und Pfarrer erkennt man schon darin, wie der Erzähler auf dem Weg zum Pfarrhaus die Wohnung des Pfarrers und die danebenliegende Kirche wahrnimmt. Das Pfarrhaus wird assoziiert mit Gemächlichkeit, Lebendigkeit, Wärme, Ausrichtung auf das Leben, Sauberkeit und Helligkeit; die Kirche wird assoziiert mit Strenge, Kälte, Tod, Verfall und Staub (46).

Die Äußerungen des Pfarrers über den gegenwärtigen Zustand der Kirche und besonders über deren Verhältnis zur Macht zeigen seine kritische Einstellung und zugleich seine kritische Funktion als Romanfigur. Am deutlichsten kommt die Kritik an der Kirche zum Ausdruck in den Einwendungen des Lehrers und in der Genugtuung des Pfarrers darüber, dass es der Kirche in manchen Ländern schlechter gehe. Dies kommt offensichtlich von ihrer Berührung mit der Macht. Sie ist ohnmächtig und ohne Einfluss auf die politische Führung und die Ideologie der Machthaber. Der zweite an der Kirche kritisierte Aspekt ist die ihr zugeschriebene staatserhaltende Funktion. Sie sei immer auf der Seite der Reichen, der Regierenden. Er leitet daraus, dass der Staat gottgewollt sei, ab, dass sogar eine Pflicht der Kirche zur Staatserhaltung bestehe. Andererseits schreibt der Pfarrer der Kirche auch positive Aufgaben zu: Kampf für die Armen, aber nicht im materiellen Sinne, und Überzeugungsarbeit[81].

6.5 Geistesgeschichtliche Bezüge

Die neue faschistische Ideologie tritt im Roman nicht in einen ideologiefreien Raum, sondern verdrängt ein etabliertes Werte- und Normensystem, z.B. die **Humanitätsduselei** (19), von der der Bäckermeister spricht. Auf dem Hintergrund der **alten Zeit**[82] wird das neue Wertesystem, der **Standpunkt des Verbrechers** (24), in seiner Menschenverachtung erst richtig deutlich. HORVÁTH stellt eine ganze Reihe von geistesgeschichtlichen Bezugssystemen in Zitaten seiner Figuren her. Durch die Zitate wird für den Leser ein Bezugshorizont eröffnet, vor dem er das Romangeschehen bewerten kann.[83] Man muss allerdings dazu sagen, dass HORVÁTH dabei sehr punktuell auswählt und die ausgewählten Inhalte in neue Zusammenhänge stellt.[84]

Die wichtigsten dieser Bezugssysteme sind[85]:

1. Aus der Antike die Philosophen Anaximander und ARISTOTELES, besonders im Gespräch Pfarrer–Lehrer, und in den Motiven **Plebejer** und **der römische Hauptmann** die römische Geschichte.
2. Das Alte und das Neue Testament, verstärkt im Kapitel **Der römische Hauptmann** und im Gespräch Pfarrer–Lehrer. Zitate aus dem Bezugssystem *Bibel* finden sich aber auch in einer ganzen Reihe von Reflexionen des Lehrers und in einigen Kapitelüberschriften. Bedeutend sind hier die Auseinandersetzung des Lehrers mit Gott und der ganze Motivkomplex Erbsünde – Sintflut – Schuld.
3. Die Psychoanalyse SIGMUND FREUDS, aber auch Gedanken OTTO WEININGERS. Wichtig ist in diesem Zusammenhang das Gespräch Lehrer–Julius Caesar.
4. Die Philosophie NIETZSCHES.
5. BLAISE PASCAL, besonders im Gespräch Lehrer–Pfarrer.

Alle Bezugssysteme dienen der Erklärung des Romantitels und der Antwort auf eine Frage, die sich der Erzähler am Anfang des Romans stellt: **Was ist das für eine Generation? Eine harte oder nur eine rohe?** (16)

Die Antike als Bezugssystem macht besonders die Übergangssituation deutlich, in welcher der Lehrer und seine Schüler leben, und zwar aus zwei Perspektiven. Die Plebejer hatten die Macht in der Römischen Republik sukzessive übernommen und saßen bald in wichtigen Ämtern – so wie die Anhänger des neuen Zeitgeistes den Staat übernommen haben, in dem der Erzähler lebt. Der römische Hauptmann dagegen erkannte, dass seine alte Welt dem Untergang geweiht war und von Barbaren zertrümmert werden würde. Er bleibt aber passiv, wie anfangs auch der Lehrer. Plebejer wie Barbaren sind negativ besetzte Begriffe, gemeint sind neue Machthaber.

Der Pfarrer rekurriert auf die Staatslehre des Aristoteles sowie auf den Apostel Paulus, um die Stellung der Kirche im Staat und damit ihre Haltung dem faschistischen Staat gegenüber deutlich zu machen.

Die Psychoanalyse wird von Julius Caesar als Bezugssystem in den Text eingebracht. Der Erzähler stuft dessen Ansicht allerdings als sehr einseitig **erotomanisch** ein. Caesars *Analyse* der psychischen Verfassung männlicher Jugend setzt bei deren Pubertätsphase an, wobei er seine Pubertätstheorie entwickelt. Diese verläuft nach Julius Caesar nicht **korrekt,** da ihnen durch die Rolle, welche die Frau im neuen Zeitgeist auszufüllen hat, das *Weib* als Erlebnisfeld ihrer erwachenden Sexualität genommen werde. Die Gefühle der Jugend seien dadurch fehlgeleitet und missbraucht worden. Durch die **ausgefallene Pubertät** fehle die Bändigung des Sexualtriebes durch gesellschaftliche Normen bzw. dessen Sublimation bzw. Kultivierung durch intellektuelle Leistungen.[86] Ein Erziehungsziel der neuen Ideologie ist ja Antiintellektualismus – **alles Denken ist ihnen verhaßt** (24) –, und so bleibt ein gestärkter Aggressions- und Todestrieb, beides wird durch den Zeitgeist gefördert, ja kultiviert. Somit ist die Jugend – um auf die Eingangsfrage zurückzukommen – beides: hart, weil sie zu Gefühlskälte erzogen wird, und roh, weil die Formung der Persönlichkeit aufgrund der besonderen Art der Pubertät fehlt. Sie ist auch amoralisch, da sie jede Begründung für ihr Handeln verweigert, sie will nicht darüber nachdenken, denn **Recht ist, was der Sippschaft frommt.** Sie befindet sich im Freud'schen Sinne auf der primitiven Stufe der Urhorde.[87] **Ihr seid keine Menschen** (23), sagt der Erzähler über die Jugend. Julius Caesar führt in seiner Analyse auch das Moment der Kälte und der Gefühllosigkeit ein: **Es kommen kalte Zeiten […] da wird die Seele des Menschen unbeweglich, wie das Antlitz eines Fisches** (30).

In einer Gesellschaft, in der von den Vertretern der neuen Zeit bisher gültige Ideale und moralische Vorstellungen durch einen platten Sozialdarwinismus ersetzt werden, sucht der Lehrer nach Neuorientierung. Der Pfarrer und auch der Alte im Tabakladen machen für den gegenwärtigen gesellschaftlichen Zustand die Abwendung von Gott verantwortlich. B. Röttger bringt den Romantitel mit NIETZSCHES Parabel vom tollen Menschen in Zusammenhang[88]. Der Mensch verliert durch Abwendung von Gott die metaphysische Begründung seiner Existenz. So ergibt sich für den Menschen die Frage nach einer neuen Begründung für sein Handeln, da er jetzt selbst die Verantwortung für sich übernehmen muss. Im Roman führt der Weg – zumindest für den Erzähler – zurück zu Gott. Der entscheidende Schritt ist dabei seine Aussage im Mordprozess, sein Bekenntnis zur Wahrheit. Am Ende steht für ihn die Erkenntnis **Gott ist die Wahrheit** und damit sind für ihn sein Ziel – Gott – und sein Handeln – die Wahrheit sagen, wahrhaftig sein – eins geworden.

Zur Vermittlung dieser Problematik verarbeitet Horváth als weitere geistesgeschichtliche Quelle Gedanken aus der Philosophie Blaise Pascals in drei wesentlichen Aspekten[89]:

1. im Hinblick auf die Verbindung von *raison* und *raison du cœur,*
2. im Hinblick auf die Frage nach der Erbsünde und persönlicher Schuld,
3. im Hinblick auf den Gottesbegriff.

Nach Pascal [...] **liegt die Würde des Menschen** [...] **im Denken**[90]. Der der *raison* zugeordnete *esprit de géométrie* arbeitet nach den Regeln diskursiven Denkens, ist langsam, hart und unbeugsam. Der Vernunfterkenntnis sind jedoch Grenzen gesetzt, z.B. die Erkenntnis der grundlegenden Prinzipien, an die alles Denken geknüpft ist um überhaupt in Gang zu kommen. Erkenntnisse dieser Art sind nur der *raison du cœur* zugänglich, die intuitiv, spontan und emphatisch erfasst. Ihr ist auch der Wertcharakter allen Seins zugänglich.

Auf den Roman bezogen wäre T ein extremer Vertreter der *raison,* denn er *will nur wissen* – und beobachten – *wie die Dinge wirklich sind, um über den Dingen stehen zu können* (128). Der Lehrer dagegen erfährt an sich selbst eine neue Art des Erkennens und des Zugangs zur Welt:

– anders denken – anders fühlen – anders lieben – anders glauben – anders helfen – davon reden, wie es sein sollte, nicht nur wie es wirklich ist.

Damit ist für ihn ethisch verantwortungsvolles Handeln wieder möglich geworden. Außerdem steht er hierbei ja nicht alleine, denn der Pfarrer, Julius Caesar und in gewissem Maße auch der Klub sind ihm hierin geistesverwandt.

7 Motive, Metaphern und Symbole

7.1 Gott

Gott als zentralem Motiv des Romans, das sich ja bereits im Titel findet, sind verschiedene Vorstellungen zugeordnet, die, soweit sie Vorstellungen des Erzählers sind, einem Wandlungsprozess unterworfen sind. Diesem Wandel der Gottesvorstellungen des Erzählers, der sich auch in einem jeweils gewandelten Verhältnis zu Gott spiegelt, korrespondiert die Entwicklung, welche die zentrale Figur des Romans durchläuft. Man kann insgesamt vier Gottesbegriffe unterscheiden, die sich zum Teil auch der Erzähler zu Eigen macht:

1. Der Gott, den die Eltern des Erzählers meinen. Von ihm wendet sich der Erzähler ab.
2. Der *schreckliche,* strafende Gott, von dem der Pfarrer spricht und dem der Erzähler sich langsam wieder zuwendet.
3. Der Gott der beiden Alten im Tabakwarenladen.
4. Der Gott der Wahrheit, den der Erzähler schließlich findet.

Für den Verlauf der gesamten Romanhandlung kann man sagen, dass der Erzähler eigentlich nie an der Existenz Gottes wirklich zweifelt. Dies gilt selbst für die Zeit seiner **Abwendung von Gott** (46) bzw. seiner **Weigerung** an Gott zu glauben (57), denn er setzt etwas voraus, von dem er sich abwendet bzw. an das zu glauben er sich weigert. Was sich wirklich ändert, sind seine Vorstellung von Gott und sein Gottesbegriff.

Am Anfang der Romanhandlung steht der Gott, von dem seine Eltern z.B. in den Glückwünschen zum Geburtstag sprechen. Es ist der von Horváth in seinen Theaterstücken oft attackierte **Mittelstandsgott**[91] der Spießbürger. Damit verbindet sich eine inhaltlich nicht sehr konkret gefüllte Gottesvorstellung. Sein Name wird von den Eltern sowie vom Erzähler (11) an mehreren Stellen, ja sogar vom Bäckermeister N (19) formelhaft zitiert. Man redet von ihm, aber er wohnt nicht bei den Menschen, nicht einmal bei den Eltern, obwohl **sie sehr fromm sind** (46) und **jeden Sonntag in die Kirche gehen** (121). Dieser Gott wird vom Erzähler im Grunde ignoriert[92], er hat kein Verhältnis zu ihm, auch wenn er seinen Namen im Munde führt. Er hat sich von diesem Gott schon lange, mit 19 Jahren, abgewandt, weil er sich als unfähig oder unwillig erwiesen hat, so etwas wie den Weltkrieg abzuwenden. Seither ist sein Verhältnis zu Gott distanziert und zu dem Zeitpunkt, an dem die Romanhandlung einsetzt, ist der Lehrer so gottlos wie seine

Schüler.[93] Er, weil er sich abwandte, die Schüler, weil niemand sie zu Gott führte.

Eine in ihrer Naivität der ersten, unreflektierten Gottesvorstellung der Eltern vergleichbare ist die des alten Ehepaares im Tabakwarenladen. Ihr Gott ist ein Gott der Güte, der **überall da wohnt, wo man ihn noch nicht vergessen hat** (95). In der Wirkung auf die Menschen unterscheiden sich die beiden Gottesvorstellungen jedoch, denn die ganze Frömmigkeit der Eltern hat Streit und Keiferei nicht verhindern können, während die beiden Alten sich **nie streiten** (95).

Für den Erzähler kommt Gott wieder ins Spiel bzw. ins Bewusstsein, **weil er seiner bedarf, um der ganzen Hitlerei standhalten zu können.**[94] Es erfolgt eine langsame Rückwendung zu Gott, an deren Anfang erst einmal eine vehemente Auseinandersetzung mit ihm steht. Im Mittelpunkt dieser Phase einer distanzierten Akzeptanz stehen als wichtige Ereignisse das Gespräch des Lehrers mit dem Pfarrer und der Mord an dem Schüler N im Ferienlager. Die Vorstellung des alttestamentarischen, strafenden Gottes, der **das Schrecklichste auf der Welt** (52) darstellt, wird vom Pfarrer als Motiv eingeführt. Der Lehrer macht sich diese Vorstellung zu eigen und bestätigt sie wiederholte Male.[95] Dieser schreckliche Gott ist für den Erzähler **furchtbar** (80) und zugleich **erbärmlich** (52), er ist **nicht gut** (94) und auch **nicht gerecht.** In der Vorstellung des Erzählers hat er **stechende, tückische Augen – kalt, sehr kalt** (94). Mit diesem Gott setzt sich der Erzähler auseinander: er **will nicht an ihn glauben** (57), er **will ihm einen dicken Strich durch die Rechnung machen** (72). An beiden Stellen beruft er sich auf seinen **freien Willen.** Aber am letzten Tag im Lager erwartet er diesen Gott bereits. Ein besonderes Merkmal dieses Gottes ist es, dass er dem Erzähler erscheint, als Gestalt im Lager, als Stimme im Tabakwarenladen. Er wird aber nur vom Erzähler wahrgenommen. Zum Zeitpunkt des Prozesses hat sich die Distanz des Lehrers zu Gott bereits wesentlich verringert, die Zeit der Ungläubigkeit ist nach dessen eigener Aussage endgültig vorbei, doch er **mag ihn nicht** (94).

Die letzte Phase im Verhältnis zu Gott – die der vorbehaltlosen Akzeptanz – wird eingeleitet durch das Bekenntnis des Erzählers zur Wahrheit. Indem er die Wahrheit ausspricht, verliert er die Furcht vor Gott sowie die Angst vor den Reaktionen seiner Umwelt. Zugleich durchbricht er mit seiner Aussage vor Gericht den Kreislauf von Schuld und neuem Unrecht. Dies wird ermöglicht, weil er die Strafe annimmt, wie es die Stimme im Tabakwarenladen von ihm verlangte. Die Wirkung dieses endgültigen Bekenntnisses, **heute glaube ich an Gott** (126), zeigt sich beim Besuch des Pfarrers: Alles, was vor dem Prozess lag, erscheint wie in einem anderen Leben und der Lehrer wirkt heiter (125). Der Gott dieser Phase erscheint nicht mehr als Figur, er ist vielmehr mit dem Augenmotiv verbunden, den **Augen Evas** und den **anderen Augen,** die ihn an Kindheit und Heimat erinnern. Die Ereignisse vor Gericht wiederholen sich in abgewandelter Form in der Villa der Familie T. Kurz bevor die Mutter von T die Wahrheit ausspricht, scheint etwas mit ihr zu passieren. Der Erzähler deutet dies sofort als das Auftreten und Walten Gottes und dieses Ereignis bringt ihn schließlich zu der Erkenntnis: **Gott ist die Wahrheit** (148).

Die Entwicklung der Ereignisse auf diesen Punkt hin ist erkennbar als Weg des Erzählers zurück zu Gott, als der Weg zur Wahrheit und gleichzeitig die Überwindung einer schlechten Wirklichkeit. Das Kapitel **Fahnen** (112 f.) zeigt dies am deutlichsten. Der Erzähler macht sich klar, dass er in einer anderen Wohnung wohnt, zwar **noch im selben Haus, aber gleichsam in einem höheren Stockwerk.** Folglich nimmt er alles von einer neuen, höheren Warte aus wahr und der ganze Trubel um den Geburtstag des Oberplebejers wirkt auf ihn nur noch lächerlich. In ähnlicher Weise überwinden auch Eva und die Mutter von T die schlechte Wirklichkeit durch das kompromisslose Aussprechen der Wahrheit und damit durch das Bekenntnis zu Gott.

Die Rückkehr des Erzählers zu Gott als einer bisher verleugneten Wahrheit erscheint wie die Heimkehr eines freiwillig Exilierten. Die Motive **Heimat, Sehnsucht nach einer verlorenen Heimat** und **Heimkehr** tauchen an verschiedenen Stellen im Roman auf, zum ersten Mal im Kapitel 12: **Geh heim!** (45 ff.). Heimkehr ist hier als Imperativ des Erzählers an sich selbst formuliert, insgesamt viermal: in der Kapitelüberschrift und dann dreimal kurz hintereinander im Text. Das Motiv **Heimkehr** steht im Zusammenhang mit dem Motiv **Gott.** Der Lehrer erinnert sich an seine Abkehr von Gott angesichts des Bildes **Der römische Hauptmann** im Pfarrhaus. Mit dem Bild verbindet er Elternhaus und Heimat, aus denen er in die Welt hinausgezogen war um als Lehrer seine Ideale weiterzugeben. Er wollte damit der Jugend eine Zukunft geben, jetzt muss er einsehen, dass er gescheitert ist. Er resigniert und wünscht sich zurück in eine Zeit und an einen Ort, wo die Welt noch in Ordnung war. Heimat ist aber mehr als Elternhaus, denn der Erzähler verbindet damit Vaterhaus, Glaube, Schutz und Geborgenheit. Daheim meint offensichtlich auch nicht die Welt: **Geh heim! Was suchst du noch auf der Welt** (47). Die anderen Stellen, in denen im Text Heimat und Kindheit thematisiert werden, sind verknüpft mit dem Augenmotiv, mit den **Augen Evas,** und zwar bei seiner Aussage vor Gericht (102) und als der Klub sich entschließt den Lehrer zu unterstützen (119). Das

Motiv **Evas Augen** mündet ja schließlich in das Gottesmotiv. Dass Heimat inzwischen eine metaphorische Bedeutung erhalten hat, ist aus den Worten der Stimme im Tabakwarenladen abzulesen: **Nein, hier wohnst du nicht. Hier gehst du nur vorbei** (96). Der Romanschluss, der das Heimkehrmotiv ein letztes Mal aufgreift, weist die Richtung: **Der Neger fährt zu den Negern** (149), das Subjekt findet zu seinem wahren Selbst zurück.[96]

7.2 Stimmen und Visionen

Die Entwicklung der Figuren hat im und außerhalb des Textes gewisse Entsprechungen. So sieht Kranzbühler Parallelen zur Biografie zweier im Text vom Pfarrer zitierter Personen, nämlich zu Ignatius von Loyola und zu Blaise Pascal.[97] Beide haben sich nach einer frommen Jugendzeit von Gott ab- und der Welt zugewandt und beide finden nach einem Schlüsselerlebnis zu ihrem Glauben zurück und missionieren schließlich. A. Holl sieht in der Entwicklung der Hauptfigur ein literarisches Muster, **eine Bekehrungsgeschichte und Heiligenlegende, in der auch Stimmen und Visionen nicht fehlen.**[98]

Es gibt im Text in der Tat eine Reihe von Wahrnehmungen des Erzählers, akustischer wie visueller Art. Auffällig ist, dass offensichtlich nur er für diese Phänomene empfänglich ist, seine Umwelt scheint davon nichts zu bemerken, mit Ausnahme der Mutter von T im vorletzten Kapitel. Der größte Teil der Erscheinungen ist der religiösen Struktur[99] zuzuordnen.

An traumhaften Erscheinungen sind zwei zu nennen:

1. der Traum vom **Ball der lieblichen Gedanken,** auf dem eine Vermischung aller Werte, sozusagen eine Umwertung aller Werte stattfindet und die Vernunft nicht zum Tragen kommt (57 f.).
2. die gespenstische Erscheinung des toten N zur Geisterstunde (139 ff.).

Die erste Vision wurde bereits der sozialpolitischen Struktur zugeordnet und ihre Bedeutung im Rahmen der Faschismuskritik untersucht.[100] Eine Verbindung zur religiösen Struktur ergibt sich, weil die Vision durch die Gedanken an den **schrecklichen Gott** ausgelöst wird. Im geistesgeschichtlichen Bezug auf Pascal gibt es, wenn die Vernunft außer Gefecht gesetzt ist, nur eine Rettung und zwar die intuitive Gotteserkenntnis und damit die Anerkennung des Prinzips Wahrheit durch die *raison du cœur.*[101] Der zweite Traum ist einmal der Kriminalstruktur, aber auch der religiösen Struktur zuzuordnen. Er rückt N als Opfer in den Mittelpunkt und verweist auf die Frage nach der Mitschuld des Lehrers an der Ermordung des Schülers; N spricht diese Anschuldigung ja offen aus. Der Lehrer wird in dem Traum gleichzeitig an seine Aufgabe erinnert **einen Fisch zu fangen,** denn nur dadurch kann er überhaupt seine Schuld abtragen. Auf die religiöse Struktur verweist dieses Motiv dadurch, dass N im Traum dem Lehrer zu einer entscheidenden Erkenntnis bzw. Bewusstwerdung verhilft: Die **Augen Evas** waren vom Erzähler bisher in ihrem wahren Charakter als die **anderen Augen** nie erkannt worden. Als Hinweis auf die spätere Erkenntnis, dass es die Augen Gottes sind, dient der **sonderbar feierliche** (142) Ton, in dem N in diesem Zusammenhang spricht. Zu diesen Traumvisionen kommt das Auftreten Gottes, und zwar zweimal als Erscheinung im Lager und zweimal als Stimme, einmal im Tabakwarenladen und einmal in der Villa der Familie T bei der endgültigen Aufklärung des Mordes. In Erscheinung tritt stets der **schreckliche Gott** des Pfarrers. Dabei deutet der Erzähler Ereignisse auf der Handlungsebene, z.B. die Entdeckung der Leiche des N, die gerade ins Lager gebracht wird, und den Moment, als der Schüler R sich an das Tagebuch des Z erinnert, als Manifestation dieses strafenden Gottes. Die Stimme Gottes dagegen spricht jedesmal, kurz bevor eine Figur – der Lehrer vor Gericht und die Mutter von T bei der Vernehmung des Lehrers durch die Kriminalpolizei – sich offen zur Wahrheit bekennt, die Wahrheit ausspricht. In diesen Fällen manifestiert sich Gott als Prinzip der Wahrheit jeweils im Akt des Aussprechens der Wahrheit. Beim zweiten Mal erkennt der Erzähler dies auch schließlich und hat das Ende seines Weges zu Gott erreicht.

Es gibt noch eine weitere Stimme, die der Erzähler hört, und das ist die des Mädchens Eva, ihr **Schreien.** Da schon die Augen Evas sich als andere Augen entpuppten, kann man das auch für ihre Stimme annehmen und sie als das Gewissen des Lehrers deuten, als die Anerkennung einer Mitschuld oder sogar als die Stimme Gottes. Immerhin ist die Stimme allgegenwärtig, als stetige Erinnerung an seine Aufgabe **den Fisch zu fangen.** Außerdem ist sie in der Lage das Radio, die personifizierte Ideologie bzw. Staatsmacht, zu übertönen und schließlich unhörbar zu machen. Dadurch ist der Erzähler von dem Druck befreit, den der Staat, verkörpert durch das Radio, auf ihn ausübte und der sein Handeln beeinflusste.

7.3 Die Augensymbolik

Der Symbolcharakter des Augenmotivs hat traditionell zwei Dimensionen. Einmal ist es für das Subjekt Fenster zur Welt und damit wichtigstes Instrument der Welterkenntnis des Menschen. Auf der anderen Seite erlaubt es als Spiegel der Seele der Umwelt Einblick in das Innerste, das Wesen des Subjektes[102]. Im Roman hat das Auge als eines der wichtigen Motive vor allem die zuletzt genannte Funktion. Es ist *symbolon*[103] im ursprünglichen Sinne. Damit wird es zum Erkennungszeichen, denn es symbolisiert das Wesen einer Figur oder zumindest der Vorstellung, die sich der Erzähler von ihr macht. Am augenfälligsten wird dies bei den **Fischaugen** des Mörders. Entsprechendes gilt aber auch von der Gottesvorstellung; und die sich wandelnde Vorstellung des Erzählers von Gott spiegelt sich auch im Augenmotiv.

Die Entfaltung dieses Motivs im Text wurde schon behandelt[104], die vorliegenden Passagen konzentrieren sich folglich auf die Interpretation.

Die Beschreibung der Augen einzelner Figuren drückt gute wie schlechte Eigenschaften aus und erweckt Sympathie oder Antipathie. Zur letzteren Gruppe gehören die Augen des Schülers T. Sie ändern ihr Wesen während des ganzen Romans nicht und lediglich die Selbstwahrnehmung von T bzw. seiner Mutter widerspricht der Beschreibung des Erzählers. Er beschreibt sie als **starrblickend, hell, rund, ohne Schimmer und ohne Glanz,** als **Fischaugen, verbunden mit einem spöttischen, überheblichen Lächeln.** Diese Beschreibung wiederholt sich dreimal in fast identischer Form. Die Fischaugen werden im Roman zum Indiz für den Mörder. Sie zeigen aber als *Seelenspiegel* zugleich die Seelenlage der heranwachsenden Generation, die geprägt ist von Gefühllosigkeit und Kälte, spöttischer Überheblichkeit und emotionaler Teilnahmslosigkeit. Julius Caesar drückt dies im Motiv des **Zeitalters der Fische** aus: **Da wird die Seele unbeweglich wie das Antlitz eines Fisches** (30 u. 106). Die Augen der Kinder in den Fenstern blicken seltsam starr. In ihnen spiegeln sich die ganze Enttäuschung und der Hass auf die Gesellschaft, die sie für ihre Situation verantwortlich machen.

Die Diebesaugen Evas, wie N sie dem Lehrer beschreibt, nämlich als **kleine, verschmitzte Augen mit einem unsteten Blick** (142), erfassen das Wesen Evas als ein Mädchen, das mit der Welt bisher keine guten Erfahrungen gemacht hat und seinen Existenzkampf weit gehend allein und mehr oder weniger erfolgreich führt. Nur der Erzähler sah in Evas Augen einen anderen Ausdruck. Mit ihnen verband sich für ihn immer eine andere Bedeutung. Eva erweckt in ihm immer den Wunsch ihre Augen sehen zu können, was ihm aber nie wirklich gelingt. Mit der Erzählerfigur und ihrer Einstellung zu Eva wandelt sich jedoch auch der Charakter ihrer Augen. Je deutlicher die Liebe zu dem Mädchen ihren erotischen Charakter verliert, desto öfter assoziiert der Erzähler mit ihren Augen Heimat und Kindheit. In der Beschreibung der Augen Gottes spiegelt sich in ähnlicher Weise die veränderte Haltung des Erzählers zu Gott. Der strafende, schreckliche Gott hat für ihn **stechende, tückische** und sehr **kalte** Augen. Der Gott der Wahrheit hat die geheimnisvoll dunklen Augen, die ihn an seine Heimat erinnern. Diese *anderen* Augen blicken ihn zuerst aus Eva, dann auch aus der Mutter von T an. **So schaut Gott zu uns herein** (148), denkt der Erzähler gegen Romanende. Diese Augen drücken zugleich die Vorstellung von der Gottebenbildlichkeit[105] des Menschen und damit ein bestimmtes Menschenbild aus. Vergleichbares gilt für die Stimme des Alten im Tabakwarengeschäft, die im Gespräch ihren Charakter ändert und mit der schließlich Gott zu dem Lehrer spricht.

7.4 Das Zeitalter der Fische

In diesem Motiv sind Kälte und **der Fisch** als Motive des Textes vereinigt. Der Fisch hat als Symbol göttlichen oder dämonischen Charakter, verweist auf Leben oder Tod und ist im Christentum auch Zeichen für den Heilsbringer[106]. Im Roman symbolisiert T als **der Fisch** nur die eine, dämonische Seite. Er ist ja auch Todesbringer oder tritt im Zusammenhang mit dem Tod auf. Sein Wesen drückt sich aus in Gefühlskälte, geringem sozialen Kontakt, Wissbegier ohne echtes Interesse oder eine irgendwie erkennbare Anteilnahme an den Dingen oder Vorgängen, die er beobachtet. Er handelt bedenkenlos und im Grunde amoralisch, eine Haltung, die schließlich im Mord an N gipfelt, weil er einmal sehen wollte, wie ein Mensch stirbt.

Das, was der **Fisch** symbolisiert, überträgt Julius Caesar – als Amateurastrologe[107], wie er sich ausdrückt – auf eine ganze Generation. Und so prophezeit er mit dem **Zeitalter der Fische** zugleich **kalte Zeiten.** Er sieht eine Generation heranwachsen, deren einzige Ideale Hohn und Spott sind. Das **Zeitalter der Fische** wird dadurch auch zum Symbol für die nationalsozialistische Ära. Die mit dem **Zeitalter der Fische** verbundene Kälte taucht als Motiv auch an anderen Stellen im Roman auf. Kälte steht für die seelische Erstarrung der Menschen, wie sich Julius Caesar ausdrückt, und sie steht im Zusammenhang mit den Schuldgefühlen des Lehrers. Kälte symbolisiert im Roman aber auch immer Bedrohung. So empfindet Julius Caesar die Kälte, ebenso aber auch der Lehrer, z.B. in seiner Sorge um Eva: **Ich möchte nur wissen, ob der Schnee kommen kann** (124)

7.5 Der römische Hauptmann

Das Motiv des **römischen Hauptmanns** kann man als Symbol für die Lebenssituation des Erzählers sehen, dem es allerdings gegen Ende des Romans gelingt, die damit ausgedrückte Haltung zu überwinden. Dem Motiv ist ein eigenes Kapitel gewidmet, das zwischen dem Gespräch des Lehrers mit dem Pfarrer und der kompromisslosen Auseinandersetzung des Lehrers mit dem Zeitgeist im Kapitel 16 **Der Dreck** steht.

Eingeführt wird das Motiv schon etwas früher durch das Bild, das im Pfarrhaus hängt und das der Lehrer dort, während er auf den Pfarrer wartet, betrachtet. Es erinnert ihn an seine frommen Eltern und seine Kindheit, denn im Elternhaus hing das gleiche Bild. Ihn überfällt eine Sehnsucht nach Geborgenheit und einer heilen Welt, denn die Welt des Erzählers ist nicht mehr heil. **Die Geschichten sind,** wie er sich ausdrückt, **nicht mehr rund, sondern viereckig geworden.** Letzteres ist vielleicht eine Assozation mit dem Hakenkreuzemblem, denn die düsteren Gedanken des Erzählers beschäftigen sich mit seiner augenblicklichen Situation und Zukunft als Lehrer. Zum wiederholten Male gelangt er dabei zu der Einsicht: **Mein Beruf freut mich nicht mehr** (55). In diesem Zusammenhang kommt ihm das Bild im Pfarrhaus wieder in den Sinn. Er sieht in dem römischen Hauptmann einen Menschen, der erkannt hat, dass seine Welt und seine Wertvorstellungen unaufhaltsam dem Untergang geweiht sind. Auffälligerweise wird in den Gedanken des Erzählers nicht das im Bildmotiv präsente Christentum als das Neue, als Bedrohung angesehen, sondern die Barbarenhorden der Völkerwanderungszeit. Im Folgekapitel wird deutlich, wodurch der Erzähler seine Welt und seine Ideale bedroht sieht, durch **Verbrecher,** die die Staatsstellen erobert haben, die **Plebejer,** und durch den von ihnen verbreiteten ideologischen **Dreck.** Der Erzähler erkennt sich aber auch in der Grundhaltung und der Reaktion des römischen Hauptmanns wieder, die er ihm unterstellt, denn im Bild ist sie ja nicht dargestellt: Er verharrt in Untätigkeit, in resignativer Betrachtung eines Pensionisten. Er hat alles durchschaut, tut aber nichts dagegen, sondern passt sich an, weil er in Ruhe seine Pension genießen will. So ähnlich hat der Schuldirektor dies ja auch für sich formuliert und zu dem Zeitpunkt, an dem der Erzähler diesen Gedanken nachhängt, ist dies auch seine Einstellung. Die einzige Freiheit, die im Augenblick bleibt, ist die freie Entscheidung nicht an Gott glauben zu wollen. Erst als der Erzähler in der Auseinandersetzung mit Gott weiterkommt, gelingt es ihm auch, seine Passivität zu überwinden.

7.6 Die Frage der Schuld

Das Thema Schuld[108] wird im Roman auf verschiedenen Ebenen dargestellt und muss deshalb differenziert betrachtet werden. Grundsätzlich wird die Schuldfrage in zweierlei Hinsicht gestellt:

1. Als persönliche Schuld des Erzählers durch dessen Handeln bzw. Passivität. Dabei kann man weiterfragen nach juristisch einklagbarer Schuld, nach moralischer Schuld und schließlich auch nach religiöser Schuld.
2. Als kollektive Schuld, das schuldlose Schuldigsein als Grundkonstante menschlichen Seins im christlichen Sinne. Dies ist die Frage nach der Erbsünde, die ja im Gespräch zwischen Pfarrer und Lehrer angesprochen wird.

Die Frage nach der juristischen Schuld beantwortet der Lehrer im Grunde selbst bis in die Konsequenzen hinein, als er der Stimme im Tabakgeschäft antwortet: **Da werde ich doch bestraft** [...] **[und] verliere auch meine Stellung, mein Brot – –** (96). Er hat ein Kästchen, fremdes Eigentum, aufgebrochen und dabei beschädigt, er hat ein Tagebuch gelesen, das nicht für ihn bestimmt war, er hat diese Tatsachen verschwiegen, auch noch nachdem der Mord geschehen war.

Moralisch wird der Lehrer schuldig durch sein Verhalten, besonders durch sein Zögern, seine Passivität. Verschiedene Male nimmt er Anlauf um diese Haltung zu überwinden und die Sache mit dem Kästchen zu klären, bevor es zu spät ist: gleich nach der Tat (70), dann nach dem Streit zwischen Z und N (71), auf der Nachtwache, als er Eva und Z beobachtet (73) und sich sogar dreimal auffordert: **Geh hin!** und es doch jedesmal unterlässt, als man das Fehlen von N bemerkt (76). Die im Grunde letzte Gelegenheit, kurz bevor das *Regiment* zu einem Geländemarsch ausrückt, von dem N nicht mehr zurückkehren wird, hat er sogar verschlafen (79). Erst mit dem Aussprechen der Wahrheit ohne Rücksicht auf Konsequenzen, wodurch er weiteres Unrecht verhindert, wird diese Schuld eingelöst. Sein langes Zögern und seine Untätigkeit in der Sache mit dem Kästchen sind aber symptomatisch für sein Verhalten insgesamt, z. B. der Staatsmacht gegenüber. Das Eingeständnis eigener Feigheit, als er das Gespräch der beiden Mädchen belauscht[109], ist ja ein Schuldbekenntnis, denn auch er gehört zu denen, die zwar noch nicht **verrückt** geworden sind, denen aber der Mut fehlt die **tobenden Irrsinnigen in die Zwangsjacke zu stecken** (44). Er fühlt sich auch mitschuldig daran, dass die Jugend so geworden ist, wie sie ist, da er sich ja entschlossen hat dem Radio nicht zu widersprechen. Im Kapitel **Geh heim!** sieht er in seiner derzeitigen Situation nur eine Möglichkeit, den

Rückzug aus einer schlechten Welt, und im **römischen Hauptmann** ist seine Haltung zur Metapher geworden. Erst durch seine Aussage vor Gericht und die Jagd nach dem Mörder überwindet der Erzähler diese Haltung und wird aktiv.

Die religiöse Schuld vermischt sich mit der moralischen. Sie liegt vor allem in der Abwendung von Gott. Der Alte im Tabakwarenladen spricht es deutlich aus: [...] **denn in diesem Fall scheinen alle Beteiligten schuld zu sein. Auch die Zeugen, der Feldwebel, der Lehrer – auch die Eltern.** [...] **Denn nicht nur die Jugend, auch die Eltern kümmern sich nicht mehr um Gott. Sie tun, als wäre er gar nicht da** (95). Der Lehrer lädt religiöse Schuld aber auch dadurch auf sich, dass er sich zum Weltenrichter aufschwingt: Er will N freisprechen, Z und Eva begnadigen und alle retten. Dies alles aus seinem freien Willen heraus und um dem **schrecklichen Gott** einen dicken Strich durch die Rechnung zu machen[110].

Diese Stelle zeigt auch die Verbindung zu dem noch verbleibenden Komplex, der Frage nach der Erbschuld. In den Äußerungen und Gedanken des Erzählers finden sich eine ganze Reihe von Schlüsselwörtern, die auf dieses Problem hinweisen. Die meisten finden sich in dem Gespräch zwischen dem Pfarrer und dem Lehrer[111]. Die wichtigsten dieser Schlüsselwörter sind **unschuldig verurteilt sein,** der **freie Wille,** den er ja selbst in Verbindung zu Erbsünde bringt[112]. Schließlich sieht sich der Erzähler ja in der Christusrolle als Retter, der die Erbschuld einlöst[113]. Die Schuld bedroht den Menschen permanent als **Raubvogel,** der lauert und dann blitzschnell zustößt (71).

Als N vermisst wird, zieht der Lehrer Bilanz und gesteht sich sein Mitverschulden ein. Er steigert sich dabei in eine Schuldfantasie hinein, in der seine Gedanken an die Erbsünde in eine groteske Jahrmarktszene münden, wobei er das Anaximander-Zitat des Pfarrers aufgreift: **Hereinspaziert** [...] **zahlt Buße und Strafe für die Schuld Eures Daseins! Nur keine Angst, es ist zu spät!** (78)

Im Gespräch zwischen Lehrer und Feldwebel während der Suche nach N greift auch der Feldwebel das Motiv von Erbsünde und Gottesstrafe auf: Er spricht vom Regen als von einer **Sündflut** (7).

Das Thema Erbsünde ist im Text durch eine Reihe alttestamentarischer Motive von Anfang an präsent:

1. Durch die Motivkette **Regen – Sintflut – Gottesstrafe – Über den Wassern.** Bereits im zweiten Kapitel, **Es regnet**, wird dieses Motiv eingeführt. Das Böse im Menschen zeigt sich hier im an sich völlig grundlosen Streit von fünf Schülern, die über einen sechsten herfallen. Die Szene hat vorausdeutenden Charakter, da auch der Mord

keinen erkennbaren Anlass hat, außer der perversen Neugier von T einen Menschen sterben sehen zu wollen.

2. Die zweite Motivkette in diesem Zusammenhang ist die von **Adam und Eva** sowie **Vertreibung aus dem Paradies.** HORVÁTH verallgemeinert hierbei die Frage nach der Schuld, indem er zwei Figuren seines Romans – den Schüler Z und das Mädchen Eva – in **Adam** und **Eva** umtauft und dadurch deren Handeln eine allgemein menschliche Dimension gibt. Eva wird dadurch schuldig, dass sie – nach dem biblischen Vorbild – Z zum Mitwisser und Helfer macht und ihn dadurch mitschuldig werden lässt. Sie wird aber auch schuldig, weil sie dies durch Täuschung – Vortäuschung von Gefühlen – erreicht. Unbewusst und in diesem Sinne unschuldig schuldig wird sie im Zusammenhang mit der Bluttat durch ihre Wirkung, die sie auf den Lehrer ausübt, was ihn ja letztlich in den Kreis der Mitschuldigen hineinzieht. Durch ihre Aussage vor Gericht, d.h. durch ihr Bekenntnis zur Wahrheit, löst sie einen Teil dieser Schuld ein. Aber zwischen ihr und Z steht dadurch nicht mehr die Liebe, sondern der Hass des getäuschten und enttäuschten Jungen. Dies ereignet sich im Kapitel **Vertreibung aus dem Paradies** (102 ff.).

Ein Teil der Schuld für beide, wie auch für die meisten Jugendlichen und Erwachsenen, liegt in der Entfernung von Gott. HORVÁTH führt dies Verständnis von Erbsünde an einer Reihe von Figuren vor und an der schicksalhaften Verflochtenheit alles Menschlichen in Schuld[114]. Die Frage der Schuld erhebt sich im Roman also auf folgenden Ebenen: beim Mord – als persönliche Schuld – als menschliche Urschuld.[115]

7.7 Das Gespenst

Die Schuldfrage stellt sich für den Lehrer aber noch in einer anderen Weise, nämlich durch sein schlechtes Gewissen. Geweckt wurde dies unter anderem von Julius Caesar in ihrem letzten Gespräch[116] durch den Hinweis auf den toten N als Mordopfer.

Durch die Bemerkung Caesars wird dem Lehrer bewusst, dass er jeden Gedanken an N verdrängt hatte als an einen, **den es nicht mehr gibt** (139). Zusätzlich verdrängt wurde auch eine weit davor liegende Einsicht: **Ich habe den N verurteilt** (71).

Das Gespenst[117], erst als Stimme des toten N, später als Erscheinung, kann aus folgenden Gründen als das personifizierte schlechte Gewissen des Erzählers angesehen werden und das Gespräch mit N folglich als Selbstgespräch:

1. Der Gedanke an den toten N lässt den Lehrer nicht mehr los, nachdem er sich einmal festgesetzt hat.

2. Die Stimme des N lässt sich nicht unterdrücken. Sie spricht in wörtlicher Rede, während für den Erzähler Erzählbericht, erlebte Rede und wörtliche Rede wechseln.
3. Der tote N kann die Gedanken des Erzählers lesen.
4. Der tote N wird zu einem für den Erzähler unüberwindbaren, undurchdringlichen Hindernis.

Das fiktive Gespräch macht dem Lehrer folgende, entweder bisher verdrängte oder noch nicht klar erkannte Tatsachen bewusst, wobei man teilweise durchaus von einem Schuldeingeständnis sprechen kann:

1. Die schuldhafte Verstrickung in den Mord an N. Dieser wurde durch das Schweigen und Zögern des Lehrers einem falschen Verdacht ausgesetzt.
2. Der Lehrer hat den Hilferuf des N ignoriert, denn er wollte **lieber Gott** spielen.
3. Die Ich-Bezogenheit des Lehrers: Er hat N vergessen und verdrängt – er hat inzwischen auch Eva vergessen –, er will den Mörder nicht wegen N, dem Opfer, verfolgen, sondern wegen Eva, zu der er sich hingezogen fühlt.
4. Zwischen Mörder und Henker besteht ein Verhältnis, was in anderer Form T auch schon behauptet hat. Die Schuld kann nur durch Schuld eingelöst werden.
5. Der wahre Charakter der Augen Evas als Gottes Augen; Eva wird dadurch zum Werkzeug Gottes.

In dem Zwiegespräch zwischen Erzähler und dem Gespenst finden sich eine Reihe von Motiven, die auf andere Kapitel verweisen und das Gespräch in den gesamten Problemzusammenhang einbinden. Es steht dadurch nicht isoliert als Episode da. Die Motive sind das Augenmotiv: der augenlose N, der den Erzähler nicht aus den Augen lässt, die Augen Evas, die anderen Augen und dadurch das Gottesmotiv; das Kältemotiv: **Es wird immer kälter** (14); das Wasser-Sintflut-Motiv: **Alles schwimmt davon** (141) und das Fischmotiv.

7.8 Die marschierende Venus

Das Motiv gehört in das Problemfeld Gesellschafts- und Ideologiekritik und zeigt einen Aspekt des Frauenbildes im Roman. Es ist kontrastiv[118] aufgebaut, indem den Schlüsselbegriffen Venus – Eva – Amazonen in karikierender Weise ein negativer Inhalt zugeordnet wird. Dadurch übt der Erzähler Kritik am Zeitgeist und HORVÁTH Faschismuskritik. Aber auch Julius Caesar und der Erzähler sind der Kritik ausgesetzt, denn spätestens in dem vom Erzähler belauschten Gespräch zeigt sich, dass die Mädchen bzw. ihre Mütter einen reflektierteren Standpunkt gegenüber dem *Zeitgeist* einnehmen. Der Erzähler schämt sich, als ihm dies aufgeht.

Julius Caesar führt im ersten Gespräch[119] mit dem Lehrer das Motiv ein und kritisiert damit das neue Frauenideal: Rudernde, marschierende, lernende Frauen sind für ihn keine wahrhaften Frauen, sondern Ungeheuer. Der Lehrer kritisiert den hinter dieser Kritik verborgenen Standpunkt als sehr einseitig, als erotomanisch. In der zweiten wichtigen Textstelle[120], in der das Motiv auftaucht, verrät der Erzähler ungewollt sein eigenes Frauenideal und das unterscheidet sich von dem Julius Caesars kaum, weder inhaltlich noch in seiner Einseitigkeit.

Die rucksacktragenden, marschierenden Mädchen erscheinen ihm als Kühe auf der Weide – als Geschöpf – arme Tiere – nicht als Menschen – sie sind reizlos und nicht einladend – missgeleitete Töchter Evas.

Julius Caesar, der Erzähler und der *Zeitgeist* haben ein einseitiges Frauenbild, das der Frau – jeweils in anderer Weise – ihren Selbstwert als Person und Mensch abspricht, gewollt oder ungewollt. Die neue Ideologie reduziert die Frau dabei auf ihre Mutterrolle, der Erzähler spricht dies spöttisch an. Durch die Mädchen erhalten die Frauen eine eigene Perspektive, aus der die Männerwelt gesehen wird.

Das Ferienlager im Schloss wird dabei zum Zuchthaus. Der eine Teil der Männer ist **verrückt geworden** (44), der andere zu feige um einzugreifen.

7.9 Die Kinder in den Fenstern[121]

Mit dem Motiv der Kinder in den Fenstern ist die deutlichste Form der Sozialkritik des Romans verbunden. Es taucht in Variationen insgesamt siebenmal[122] im Text auf und wird zum Symbol für soziale Ungerechtigkeit und materielle Not der Heimarbeiter. Verknüpft ist das Motiv im Wesentlichen mit drei Figuren, dem Dorflehrer, dem Pfarrer, Frau T und natürlich mit dem Erzähler, dem diese Kinder nicht mehr aus dem Kopf gehen.

Eingeführt wird das Motiv gleich bei der Ankunft der Schülergruppe im Ferienlager. Es steht für Arbeitslosigkeit, Armut und Kinderarbeit als soziales Problem. Der Dorfschullehrer ist scheinbar der Einzige, der aufgrund des Elends gesellschaftliche Änderungen fordert, z.B. eine bessere Kontrolle des Besitzes. Für den Erzähler sind die **Kinder in den Fenstern** Diskussionsstoff im Gespräch mit dem Pfarrer.

Auch dieses Motiv ist stark kontrastiv aufgebaut:

- Die Kinder haben weiße, alte Gesichter und sitzen vor einem schwarzen Hintergrund;
- sie bemalen bunte Puppen;

– dies tun sie aber nicht um damit zu spielen, sondern um zu überleben.
– Die Kinder werden durch diese zutiefst entfremdende Situation ihrer Jugend beraubt;
– sie sind keine *Fische* wie die meisten anderen;
– ihre einzige Beziehung zur Umwelt ist der Hass, der aus ihren Augen leuchtet, hinter dem aber Trauer und Hoffnungslosigkeit stehen;
– sie sparen Licht, weil sie kein Licht haben.
– Der einzige Ausweg aus dieser Situation scheint der Weg in die Kriminalität wie bei den drei Jungen aus der Bande Evas.

Das Motiv gerät durch seine kontrastive, expressive Gestaltung zu einem wirkungsvollen Gemälde, was durch die Wiederholung verstärkt wird. Der Lehrer ist betroffen und stark beeindruckt. So sehr, dass er nach den Ursachen zu fragen beginnt, was sich im Gespräch mit dem Pfarrer zeigt. Für diesen sind die Kinder verhetzt, weil sie nicht mehr an Gott glauben, für den Lehrer können sie gar nicht mehr an einen Gott glauben, der ihre Lage duldet. **Wie kann Gott das Elend sehen und nicht helfen?** Genau in dieser Diskussion führt der Pfarrer auch das Motiv von **Gott als dem Schrecklichsten auf der Welt** ein, wodurch **die Kinder in den Fenstern** ein wichtiger Impuls für die Entwicklung des Erzählers werden.

Beim zweiten Gespräch zwischen Pfarrer und Lehrer nach dem Prozess wird das Motiv erneut aufgegriffen, doch für den Lehrer gehört es inzwischen zu einer anderen Welt, denn er hat sich ja entscheidend gewandelt. Beim Besuch des Erzählers in der Villa T wird das Motiv noch einmal aufgegriffen um die Gottlosigkeit und Schuldverstrickung der Reichen anzuprangern. Hier findet sich eine Vorausdeutung auf das letzte Auftreten des Motivs im Text: **Gott geht durch alle Gassen. Er sieht die Kinder und das Sägewerk. Und er kommt** (130). Als der Erzähler zum zweiten Mal in diesem Haus ist, erscheint dort Gott der Mutter von T und die Kinder in den Fenstern sind dabei erneut Impuls und auslösendes Moment für sein Erscheinen und für die endgültige Überführung des Mörders. Somit steht das Motiv der Kinder in den Fenstern als Symbol für soziale Ungleichheit und Ungerechtigkeit in Verbindung mit Gott.

7.10 Die Plebejer – die Neger – der Krieg

Die Plebejer

Die Plebejer werden als Motiv vom Schulleiter im Gespräch mit dem Lehrer eingeführt[123] und von diesem aufgegriffen. Dabei werden die Plebejer, genauer gesagt die **reichen Plebejer,** für den Erzähler zur Metapher, die vor allem zwei Dimensionen hat. Sie meint im sozialgeschichtlichen Sinne den Aufstieg einer bestimmten sozialen Schicht zur Macht. Konkret sind zunächst Teile der Plebs in Rom gemeint, denen es durch ihren Reichtum gelang, an Schaltstellen der Macht zu gelangen. Im metaphorischen Sinne sind damit die Nationalsozialisten bzw. die Anhänger des *neuen Zeitgeistes* gemeint, als Partei des Mittelstandes mit Unterstützung des Großkapitals. Der Schulleiter vollzieht diese Gleichsetzung als Erster: **Die Zeit, in der wir leben** [...]. **Wir leben in einer plebejischen Welt** (20). Die Verbindung zu Hitler wird vom Erzähler hergestellt durch die Schlüsselwörter **Diktatur** (24) und **Oberplebejer.** Am historischen Vorbild Manlius Capitolinus[124] wird dabei vorgeführt, wie die Plebejer mit Widerstand, mit Hochverrätern verfahren. Widerstand wird auf **verbrecherische** Art aus reinem Machterhaltungstrieb gebrochen. Dies betrifft in der metaphorischen Bedeutung auch den Erzähler, denn der Bäckermeister N hat ihm kurz vor dieser Textstelle **Hochverrat und Sabotage am Vaterland** (19) vorgeworfen. Derselbe sozialgeschichtliche Vorgang, sozialer Aufstieg zur Macht, wird in einem anderen Bild aber in Verbindung mit dem Plebejermotiv wiederholt, als der Erzähler die Mutter von T sprechen will. Er begegnet dort einer bekannten Schauspielerin, der Freundin des Oberplebejers. Sofort fällt ihm ihre letzte Filmrolle ein: eine Fabrikarbeiterin, die den Fabrikbesitzer heiratet.

Die zweite Dimension der Metapher ist eher soziologischer Art, gemeint ist die pejorative Verwendung dieses Begriffs für Angehörige der armen Unterschicht. In diesem Sinne wird er vom Direktor und dem Lehrer als Angehöriger des Bildungsbürgertums ganz sicher auch verwendet. Auch der Schüler Z, dessen Vater ja Professor war, wendet die Bezeichnung Plebejer in diesem Sinne auf seinen Klassenkameraden N an, dem das Denken verhasst ist. Spätestens im Kapitel **Fahnen**[125], am Geburtstag des Oberplebejers, erkennt man die pejorative und zugleich ideologiekritische Funktion des Begriffs. Damit wird auch der Begriff Oberplebejer zweideutig: einmal meint er Führer der Plebejer, dann aber auch den Inbegriff des Plebejischen im abwertenden Sinne.

Die Neger

Der Satz **Auch die Neger sind doch Menschen,** den der Erzähler dem Schüler N gegenüber äußert, ist Auslöser für die Schwierigkeiten, in die der Erzähler mit sich und mit der Staatsmacht kommt. Der Begriff wird zunächst ganz konkret verwendet, wird dann aber sehr schnell zur Metapher für Außenseiter der Gesellschaft, auf die es nach der geltenden Ideologie nicht ankommt und die man besser beseitigt. In diesem Sinne wird ja auch der Lehrer zum **Neger.** Die Metapher verdeutlicht in kritischer Absicht bestimmte Aspekte der Ideologie, z.B. einen sozialdarwinistisch begründeten Rassismus, aber auch den Umgang mit Außenseitern jeder Art.

Der Krieg

Krieg wird sehr bald schon als Motiv eingeführt. Erstmals als Direktive an die Schulen zur moralischen Erziehung zum Krieg.[126] Das Ferienlager ist ja eine konkrete Umsetzung dieses ideologischen Ziels. Die Kapitelüberschrift **Der totale Krieg** (34) greift ein Schlagwort auf, das im Nationalsozialismus zum Programm wurde. Im Text erhält es metaphorische Bedeutung und meint *total* in mehrerlei Hinsicht:

Alle Altersgruppen sind betroffen, die Schüler, Soldaten, Pensionisten; beide Geschlechter, die Jungen wie die Mädchen, die Frauen wie die Männer (z.B. die begleitenden Lehrer).

Es werden durch die Ideologie zwar Feindbilder aufgebaut, der Krieg ist aber auch eine Form der gesellschaftspolitischen Auseinandersetzung. Die doppeldeutige Frage des Lehrers beim Einschlafen noch am Abend nach der Ankunft im Lager macht dies deutlich: **Wir stehen alle im Feld. Doch wo ist die Front?** (38).

Unterrichtshilfen

1 Didaktische und methodische Aspekte

Didaktisches

Im Vorwort ist ein wesentlicher Aspekt der didaktischen Begründung bereits angesprochen worden, der direkte Bezug auf aktuelle politische Ereignisse und Erscheinungen. Die konkrete Erfahrung der Schüler kann dabei zum Schlüssel für das Textverständnis werden. Juliane Eckhardt[1] hat die Lektüre von HORVÁTHS *JUGEND OHNE GOTT* schon 1984, wenn auch unter etwas anderen gesellschaftspolitischen Voraussetzungen, mit ähnlichen Argumenten didaktisch begründet. Für sie ist und bleibt der Roman relevant, weil er die **psychischen und gesellschaftlichen Voraussetzungen für die Herausbildung einer faschistischen Gesinnung sowie auch einer antifaschistischen Haltung zeigt.**[2]

Neben der gesellschaftspolitischen Relevanz bietet der Roman aber noch andere Aspekte, die für eine Behandlung im Deutschunterricht sprechen. So erzeugt die spannungsreich gestaltete **Kriminalhandlung** zweifellos eine starke Lesemotivation, welche die Schüler dazu bringt, sich auf den Text einzulassen und ihn freiwillig zu lesen. Widerstände, die der Text zumindest in Teilaspekten bietet, lassen sich nach der Erfahrung des Verfassers dadurch überwinden. Hinzu kommt, dass die Schüler einen Roman lesen, der zwar in einer anderen Zeit spielt, der aber von Schule und von Schülern ihrer eigenen Altersgruppe handelt. Sie finden sich und einen ihrer wichtigsten Lebensreiche im Roman wieder.

Die Aufnahme als Lektüreempfehlung in die Lehrpläne einiger Bundesländer (Bayern, Baden-Württemberg, Hamburg und Schleswig-Holstein) unterstreicht zusätzlich die Bedeutung, die dem Roman aus didaktischer Sicht zukommt. Zumeist wird die Lektüre für die Klassen 10 oder 11 empfohlen und dies ist aus verschiedenen Gründen sinnvoll. Einmal ergibt sich in diesen Klassenstufen ein deutlicher Altersbezug zwischen Lesern und der Schulklasse als einer wichtigen Gruppe von Handlungsfiguren. Dies schafft durch Realitätsbezüge Identifikationsangebote und damit Problembewusstsein. Außerdem wird ein wesentlicher Problemkreis des Romans, der Faschismus und das Leben im faschistischen Staat, im Geschichtsunterricht der Klasse 10 behandelt. Damit ist ein gewisses Hintergrundwissen vorhanden oder kann ohne größere Anstrengungen reaktiviert werden, was die Behandlung des Romans ganz sicher erleichtert. Dies gilt auch noch für die Klasse 11, besonders wenn man die Behandlung in die erste Hälfte des Schuljahrs legt; die Klasse 12 greift das Thema Nationalsozialismus ja dann erneut auf. Hinzu kommt ein immer noch zu beobachtendes starkes Interesse der Schüler an Ereignissen aus der Zeit des Nationalsozialismus. Im

Vordergrund steht dabei stets die Frage, wie diese ungeheuerlichen Vorgänge und Verbrechen möglich waren, und ob denn niemand etwas dagegen getan habe. Über diese wichtigen inhaltlichen Gesichtspunkte hinausgehend eignet sich der Roman dazu, formale, literaturspezifische Aspekte zu untersuchen, wie z.B. die Erzählsituation, die Zeitstrukturen, verschiedene Darstellungsmittel, Gattungsmerkmale und nicht zuletzt sprachliche Besonderheiten des Textes.

Die didaktische Literatur zu HORVÁTHS *JUGEND OHNE GOTT* ist nicht sehr umfangreich. Die wichtigsten Veröffentlichungen dazu stammen von Juliane Eckhardt, die HORVÁTHS gesamtes Werk, Prosa- wie Theaterstücke, unter didaktischen Gesichtspunkten untersuchte und unterrichtspraktisch aufbereitete[3], Letzteres in verschiedener Ausführlichkeit. Dazu kommt ein Aufsatz von Albert Schmelzer, der einen Beitrag zur unterrichtlichen Behandlung des Romans in Klasse 11 vorlegt.[4]

Methodisches

Die nachfolgend aufgeführten Vorschläge für eine unterrichtliche Behandlung des Romans verstehen sich als ein offenes Angebot, das kaum vollständig ausgeschöpft werden kann, andererseits aber auch noch Ergänzungen zulässt. So lässt sich die vorliegende, stark textimmanent angelegte Unterrichtsreihe z.B. durch historisch oder biografisch orientierte Teile ergänzen.[5] Die *Stunden* sind vor allem als thematische Einheiten aufzufassen, die jeweils einen Aspekt des Romans untersuchen und klären wollen. Inwieweit der zeitliche Rahmen einer Unterrichtsstunde zur Umsetzung ausreicht, hängt stark von der konkreten Unterrichtskonzeption ab, z.B. davon, welches Gewicht der Arbeitsunterricht haben soll oder welchen Anteil Schülerbeiträge etwa in Form von Referaten ausmachen. Auch die vorgesehene Reihenfolge ist nach der Klärung und Sicherung von Handlung, Figurenkonstellation und Erzählsituation nicht mehr zwingend. Ein Einstieg ist ausgehend von heutigen neonazistischen Tendenzen über die Elemente der NS-Ideologie im Romantext genauso möglich wie der Zugang über den Aspekt *Kriminalroman.*

Die der Stundensequenz vorangestellte Übersicht gewichtet die Stunden und vereint all diejenigen zu einem Basiskurs, die als unerlässlich für eine sinnvolle und ergiebige Behandlung des Romans angesehen werden müssen. Im Rahmen eines solchen Basiskurses lässt sich der Text im Grunde von Klasse 10 an behandeln. Alle darüber hinausgehenden Stunden eignen sich eher zur Vertiefung in einem Leistungs- oder auch in einem Literaturkurs. Man könnte einzelne auch zur Klärung speziellerer Aspekte heranziehen, wenn sich aus der Unterrichtssituation dafür ein besonderes Interesse entwickelt. Zu verschiedenen Stunden werden auch Tafelbilder vorgeschlagen, deren Nummerierung sich auf die jeweiligen Stunden bezieht.

Generell und unabhängig vom gewählten Zugang zum Text erscheint dessen vorbereitende Lektüre vor Beginn der eigentlichen Behandlung sinnvoll. Sie bereitet bezüglich der Lesemotivation erfahrungsgemäß auch wenig Schwierigkeiten und lässt genügend Fragen offen für ein klärendes Einleitungsgespräch, aus dem heraus Untersuchungsaspekte für die sich anschließende Behandlung im Unterricht entwickelt werden können. Die Anlage eines Leseprotokolls ist bei der Komplexität und Fülle der Motive und Bezüge dringend angeraten und erleichtert den Umgang mit dem Romaninhalt.

Als Textgrundlage diente der Band 13 der kommentierten Werkausgabe des Suhrkamp Verlages in Einzelbänden, die von Traugott Krischke herausgegeben wird. Die Ausgabe ist preiswert, leicht zugänglich und bietet neben dem vollständigen Text einen sehr brauchbaren Anhang. Er enthält Materialien zur Entstehungsgeschichte des Romans und einen auf die Seitenzahlen des Romantextes bezogenen Erläuterungsteil zu Begriffen und Ereignissen, die in der Handlung vorkommen. Schließlich bietet der Anhang noch einen Anmerkungsteil *Quellen und Hinweise.* Dies alles erleichtert zum einen die Vorbereitung, unterstützt aber auch die Bemühungen um eine Anleitung vornehmlich älterer Schüler zur selbstständigen Erschließung und Aneignung des Textinhaltes. Weiteres zeitgeschichtliches Material bietet der von T. Krischke herausgegebene Materialienband *Horváths Jugend ohne Gott.*

2 Unterrichtssequenz

Die folgende Stundenübersicht differenziert nach Stunden, die für einen Grundkurs vorgesehen sind, und solchen, die sich eher für die Vertiefung in einem Leistungskurs eignen. Die Stunden des Grundkurses sind **halbfett** gedruckt. In der dritten Spalte werden die Referate einzelnen Stunden zugeordnet, in der vierten die Tafelbilder (siehe nächste Seite d. Arbeit), wobei die Nummern der Tafelbilder sich auf die jeweilige Stundennummer beziehen.

Std. Nr.:	Übersicht zu den Stundenthemen	Referat Nr.	Tafelbild Nr.
1	**Einstiegsstunde** a) Leseeindrücke – Schülerinteressen – Entwicklung einer Unterrichtseinheit b) Eingangssituation: Verhältnis Klasse – Lehrer c) *JUGEND OHNE GOTT* als Kriminalroman (s. Std. 17)	Ref. 1	 TaBi 1 TaBi 17
2	**Die Jugend**	Ref. 7	TaBi 2
3	**Der Erzähler und seine Entwicklung**		TaBi 3
4	**Erzähler und Erzählsituationen**	Ref. 2	TaBi 4
5	**Strukturelle Merkmale**		
6	**Die Zeitstrukturen des Romans**		
7	**Die Figurenkonstellation**		TaBi 7
8	**Das Zeitalter der Fische – Die Motive des Romans**	Ref. 3	TaBi 8
9	**Der Gott des Romans – Wandel der Gottesvorstellung**		
10	**Die Bedeutung Gottes für den Erzähler**		TaBi 10a/10b
11	**Die Darstellung der Kirche im Roman**	Ref. 5	TaBi 11
12	**Sozialkritik im Roman**		TaBi 12

Std. Nr.:	Übersicht zu den Stundenthemen	Referat Nr.	Tafelbild Nr.
13	**Der neue Zeitgeist – Elemente der NS-Ideologie**	Ref. 4 u. 9	
14	**Faschismuskritik**	Ref. 6 u. 8	TaBi 14
15	**Das Frauenbild im Roman**		
16	**Die Frage der Schuld**		TaBi 16
17	***JUGEND OHNE GOTT*** **als Kriminalroman**		
18	**Der römische Hauptmann**		TaBi 18
19	**Weitere Darstellungsmittel**		TaBi 19a/19b
20	**Integrationsstunde**		

Verwendete Abkürzungen:

A = alternative Themen- und Aufgabenstellung
AA = Arbeitsauftrag (gleichlautend oder arbeitsteilig)
GA = Gruppenarbeit
LV = Lehrervortrag
PRO = produktionsorientierte Themen- und Aufgabenstellung
SchB = Schülerbericht bzw. -referat
TA = Tafelanschrieb
UG = Unterrichtsgespräch
TaBi = Tafelbild (s. S. 99 ff.)

Stunden	Thema	Didaktische Aspekte (Inhalte/Ziele)	Methodische Realisierung/ Verlauf
1.	Einstiegsstunde	1. Klärung der Leseeindrücke und eventueller Unklarheiten. 2. Feststellung der Schülerinteressen und Entwicklung thematischer wie inhaltlicher Untersuchungsaspekte für die Behandlung des Romans.	a) Klärung des Romaninhaltes anhand vorgegebener Gesichtspunkte und Vorgaben. b) Entwicklung von Analyse- und Interpretationsgesichtspunkten.
1. (A)	Einstiegsstunde	1. Erkennen des spannungsgeladenen Verhältnisses zwischen Lehrer und Klasse. 2. Herausarbeitung der dafür verantwortlichen Einflüsse und Faktoren. 3. Die Zusammensetzung der Klasse untersuchen.	a) Untersuchung des Verhältnisses zwischen Lehrer und Klasse anhand geeigneter Textstellen. b) Problematisierung

An die Einstiegsstunde sollte sich in jedem Fall eine inhaltliche Sicherung anschließen, die zumindest die vier großen Handlungsschritte festhält und Unklarheiten über die Zeitstrukturen und Personen beseitigt.

Stunden	Thema	Didaktische Aspekte (Inhalte/Ziele)	Methodische Realisierung/ Verlauf
2.	Die Jugend	1. Erkennen, dass die anonyme Masse ***Jugend*** im Verlauf der Romanhandlung zunehmend differenziert wird. 2. Die damit verbundene soziale Differenzierung herausarbeiten. 3. Beurteilung durch die Erwachsenen als pauschale Vorverurteilung erkennbar machen. 4. Die Relativierung durch die Gegensperspektiven erkennen.	a) Auswertung der Hausaufgabe b) Herausarbeitung der sozialen Differenzierung. c) Herausarbeitung der Vorurteile der Erwachsenen. d) Relativierung dieses Eindruckes.

	Hausaufgabe
a' SchB und UG Gesichtspunkte/Vorgaben – Kapitelnummerierung – wichtige Ereignisse mit Seitenzahl notieren – Unklarheiten notieren b' UG und TA entwickeln	
a' AA (arbeitsteilig): Beschreibe das Verhältnis zwischen Lehrer und Klasse. Wo liegen die Ursachen? S. 15–17, 21–23, 110 SchB und TA (s. TaBi 1) b' Handelt es sich um normale Verhältnisse oder um besondere Umstände? UG A/PRO: Die drei Schüler N, Z und T haben heimlich Protokolle verfasst. Was ist ihr Inhalt?	Welche Jugendgruppen kommen im Roman vor? Gibt es herausragende Einzelpersönlichkeiten? (arbeitsgleich)

	Hausaufgabe
a' UG und TA entwickeln. Die einzelnen Gruppen bestimmen, anschließend Einzelpersönlichkeiten. b' UG und TA. c' AA: Wie sprechen die Erwachsenen über die Jugend? Text S. 23–24, 29–30, 40. Auswertung und Entwicklung eines TA. (s. TaBi 2) d' AA (mündlich): Wodurch wird dieser Eindruck im Text relativiert? Text S. 44 u. 64 – 68 (Tagebuch); UG	Welche Eigenschaften charakterisieren den Lehrer? Nenne Stationen seiner Persönlichkeitsentwicklung. Notiere Textstellen.

Stunden	Thema	Didaktische Aspekte (Inhalte/Ziele)	Methodische Realisierung/ Verlauf
3.	Der Erzähler und seine Entwicklung	1. Den Lehrer (und Ich-Erzähler) charakterisieren. 2. Erkennen, dass er sich wandelt, d. h., dass eine Entwicklung stattfindet. 3. Die wichtigsten Veränderungen beschreiben können. 4. Ereignisse der Romanhandlung als Ursache für die Entwicklung des Erzählers erkennen.	a) Auswertung der Hausaufgaben. b) Den Zusammenhang zwischen den Ereignissen der Handlungsebene und der Wandlung des Erzählers verdeutlichen.
4.	Erzähler und Erzählsituationen	1. Die besondere Stellung des Lehrers als Handlungsfigur und gleichzeitig als Erzähler erkennen. 2. Die Einschränkungen der Ich-Erzählperspektive erkennen. 3. Die wirkungsästhetischen Bedingungen der drei typischen Erzählsituationen kennen lernen. 4. Figurenperspektiven als mögliche Korrektive zum Ich-Erzähler erkennen.	a) Auswertung der Hausaufgabe b) Die drei typischen Erzählsituationen (z. B. nach Stanzel) c) Den Begriff Figurenperspektiven einführen
5.	Strukturelle Merkmale	1. Es lassen sich noch zwei weitere Strukturen erkennen: die religiöse und die sozialkritische Struktur 2. Die vier großen Erzählschritte als strukturierendes Element erkennen. 3. Die zeitlichen Verhältnisse im Roman klären.	a) Auswertung der Hausaufgabe: die zwei Strukturen inhaltlich beschreiben. b) Begriffe zu ihrer sprachlichen Erfassung entwickeln. c) Die vier großen Handlungsschritte skizzieren.
6.	Die Zeitstrukturen im Roman	1. Die zeitlichen Verhältnisse im Roman klären 2. Die Begriffe *Erzählzeit* und *erzählte Zeit* auf den Text anwenden. 3. Die Funktion der Tempora untersuchen.	a) Auswertung der Schülerergebnisse. b) Wiederholung bzw. Einführung der Begriffe *erzählte Zeit* und *Erzählzeit* und Anwendung auf den Romantext. c) Untersuchung der im Text vorkommenden Zeitformen (Präteritum, Präsens, Futur).

	Hausaufgabe
a' SchB u. UG Umsetzung in ein Tafelbild b' UG und TA (s. TaBi 3) A/PRO I. Bei der Gerichtsverhandlung werden weitere bzw. ausführlichere Zeugenaussagen gebraucht, die den Lehrer charakterisieren, und zwar von Julius Caesar, dem Pfarrer, dem Feldwebel, dem Vater von N. II. N. schreibt einen Brief über das Lager und den Lehrer nach Hause, und zwar kurz vor seinem Tod.	Wer erzählt die Geschichte und welche Bedeutung hat dies für den Inhalt?
UG und TA entwickeln. a' Den Lehrer als Ich-Erzähler und gleichzeitig als Handlungsfigur bestimmen und die damit verbundenen Wirkungen (Authentizität/Glaubwürdigkeit, Nähe zum Text) untersuchen (s. a. S. 37 f.). b' Im LV oder als Schülerreferat darstellen. Anhand geeigneter Textausschnitte anderer literarischer Werke die behauptete Wirkung überprüfen. (GA) Zu einem Tafelbild zusammenfassen. (SchB) s. TaBi 4) c' Dialoge und Figurenperspektiven als Möglichkeiten erkennen der Filterung durch den Ich-Erzähler bzw. dessen Einschränkungen entgegenzuwirken. Evtl. auf 2. Std. zurückgreifen (Dialoge Lehrer–Caesar; Lehrer–Pfarrer).	Welche Textstrukturen sind erkennbar? Beschreibe deren Merkmale und Inhalte.
a' SchB, UG und TA entwickeln. b' AA: Suche Begriffe, die die inhaltlichen Merkmale der beiden Strukturen erfassen. UG. c' AA: Beschreibe die vier großen Erzählschritte, in die man die Romanhandlung unterteilen kann. Markiere die Grenzen. Auswertung und Entwicklung eines TA.	Untersuchung der Zeitverhältnisse: Welchen Zeitraum umfasst die Romanhandlung? Gibt es Zeitsprünge? Gibt es Ungereimtheiten?
a' AA: Wann spielt die Handlung? Welchen Zeitraum umfasst sie? Gibt es Zeitsprünge? b' LV, TA entwickeln. c' AA: Wann und warum wechselt der Erzähler das Tempus? UG und TA entwickeln.	Ordne die Romanfiguren je nach ihrer Beziehung zum Erzähler in Gruppen an.

Stunden	Thema	Didaktische Aspekte (Inhalte/Ziele)	Methodische Realisierung/ Verlauf
7.	Die Figuren-konstellation	1. Die Gruppierung in Helfer, Gegner und Indifferente erkennen. 2. Begriffe zur Erfassung dieser drei großen Gruppen entwickeln. 3. Die zentrale Stellung des Erzählers erkennen. 4. Zeigen, dass hier auch zwei Ideologien aufeinander treffen: eine humanistisch orientierte, bürgerliche *alte* Vorstellungswelt und eine faschistische *neue* Ideologie.	a) Besprechung der Schülerbeiträge. b) Im UG den ideologischen Aspekt der Gruppierungen klären. c) Das *Triumvirat* Lehrer, Pfarrer und Julius Caesar als besondere Gruppe gesellschaftlicher Außenseiter erkennbar machen.
8.	Das Zeitalter der Fische	1. Ein literarisches Motiv analysieren und interpretieren. 2. Die Entfaltung des Motivs zum Motivkreis verfolgen. 3. Die Bedeutung des Motivkreises als Kohärenz stiftendes Mittel erkennbar machen.	a) Die Erklärungsvorschläge der Schüler besprechen und auswerten. b) Die besondere Bedeutung des Kälte-Motivs deutlich machen (Textstellen S. 26–30, 33 f., 105–107, 110 f.) c) Horváths Quelle für die astrologischen Vorstellungen Caesars vorstellen. d) Der Motivkreis.
9.	Der Gott des Romans	1. Erkennen, dass im Roman keine einheitliche Vorstellung von Gott vorliegt. 2. Die verschiedenen Vorstellungen beschreiben. 3. Erkennen, dass die Gottesvorstellung des Erzählers einem Wandel unterworfen ist. 4. Zeigen, dass dieser Wandel mit der Entwicklung des Erzählers und dadurch auch mit den Ereignissen der Romanhandlung zusammenhängt.	a) Auswertung der Hausaufgaben. b) Die Vorstellung des Erzählers genauer untersuchen. c) Die Phasen der Einstellung des Erzählers zu Gott.

	Hausaufgabe
a' SchB, UG und Entwicklung eines Tafelbildes. b' UG. c' UG und TA (s. TaBi 7). Was vereint Lehrer, Pfarrer und Julius Caesar?	Was meint Julius Caesar mit seiner Rede vom **Zeitalter der Fische** (S. 26 ff.)?
a' SchB, UG und TA b' UG. c' Schülerreferat oder LV. d' AA: Sammle weitere Motive und ordne sie einem Motivkreis zu. Auswertung im UG und Entwicklung eines TA (s. TaBi 8).	Welche Vorstellungen von Gott tauchen im Roman auf und wer vertritt diese Vorstellungen jeweils? Textstellen notieren lassen.
a' Systematisierung und Zuordnung der Vorstellungen zu einzelnen Figuren. SchB und TA entwickeln. b' AA: Wie und in welchen Zusammenhängen verändert sich die Gottesvorstellung des Erzählers? Textstellen: S. 11, 15, 46, 52, 57, 80, 82, 94–95,101, 107, 121, 123, 148 c' AA: In welche Phasen lässt sich die Einstellung des Erzählers zu Gott gliedern? UG und TA entwickeln.	Text S. 112–113. Kurze Inhaltsangabe. Welche Bedeutung hat Gott in diesem Textausschnitt für den Erzähler?

Stunden	Thema	Didaktische Aspekte (Inhalte/Ziele)	Methodische Realisierung/ Verlauf
10.	Die Bedeutung Gottes für den Erzähler	1. Der wiedergefundene Glaube verändert die Situation des Erzählers, sie wird erträglicher. 2. Erkennen, dass der Erzähler dazu einen Erkenntnisprozess durchlaufen muss. 3. Instabilität der neu gewonnenen Position erkennen. 4. Die kritische Funktion der Textstelle erkennen.	a) Auswertung der Hausaufgabe. b) Die Wirkung des wiederentdeckten Glaubens. c) Übertragung auf eine zweite Situation.
11.	Die Darstellung der Kirche im Roman	1. Die Kirche wird weitgehend kritisch gesehen und dargestellt. 2. Die zwiespältige Haltung des Pfarrers erkennen. 3. Begriffe zur sprachlichen Erfassung dieser Feststellung entwickeln (z. B. Amtskirche – Glaubenskirche). 4. Das Verhältnis Kirche – Staat klären, so wie es der Pfarrer sieht.	a) Besprechung der Schülerbeiträge, sammeln u. ordnen. b) Die widersprüchliche Rolle der Kirche klären und die Position des Pfarrers bestimmen. c) Die kontrastive Darstellung von Kirche und Pfarrhaus als Ergänzung und Festigung (kann auch an späterer Stelle noch erfolgen, s. 19. Std. und TaBi 19 a). d) Welche Seite verkörpert der Pfarrer? e) Evtl. Schülerreferat zur Situation der Kirche im Dritten Reich und zum Reichskonkordat vom 20. 7. 33.
12.	Sozialkritik im Roman	1. Das Motiv analysieren und interpretieren. 2. Die sozialkritische Funktion des Motivs erkennen. 3. Die dargestellte gesellschaftliche Polarisierung herausarbeiten. 4. Hass und Gewalt als bestimmende Faktoren für die Beziehung der gesellschaftlichen Gruppen untereinander erkennen. 5. Die funktionale Bedeutung der kontrastiven Darstellung in diesem Zusammenhang erkennen.	a) Auswertung der Hausaufgaben: die kontrastive Darstellung im Tafelbild betonen. b) Die Polarisierung der Gesellschaft.

	Hausaufgabe
a' Bestimme drei Handlungsschritte. SchB, UG und Fixierung im Tafelbild. b' AA: Beschreibe die Wirkung, die das Bewusstsein des wiedergefundenen Glaubens auf die Situation des Erzählers hat. Auswertung im UG und Festhalten im TA (s. TaBi 10a) (Textstellen: S. 112 f., 121 ff.). c' Kapitel **Fahnen.** UG und Auswertung im TA (s. TaBi 10b)	Text S. 47–53: Wie wird die Kirche in diesem Gespräch dargestellt?
a' SchB und TA entwickeln. b' UG und TA entwickeln. c' AA: Wie werden Kirche und Pfarrhaus beschrieben? Welche Seite verkörpert der Pfarrer? UG und TA entwickeln. (s. TaBi 11)	Interpretation des Motivs der **Kinder in den Fenstern** Textstellen: S. 45–46, 48, 51,58.
a' SchB, UG und TA entwickeln. b' AA: Welche gesellschaftlichen Gruppen gibt es? Wie wird ihr Verhältnis zueinander beschrieben? Textstellen: S. 17, 20–21, 36–37, 41–42, 45–46, 130. UG und Auswertung in einem TA. (s. TaBi 12) Reduzierung auf Arm – Reich und feindselige Haltung der Kinder herausarbeiten. A/PRO: Die Kinder in den Fenstern sollen eine Stimme erhalten um ihren Hass zu artikulieren, und zwar in einem Gespräch mit dem Pfarrer, dem Lehrer und evtl. dem Dorflehrer bei einem Spaziergang durch das Dorf. Entwerfe eine Dialogszene dazu.	Wertvorstellungen des neuen *Zeitgeistes* zusammenstellen. Textstellen notieren.

Stunden	Thema	Didaktische Aspekte (Inhalte/Ziele)	Methodische Realisierung/ Verlauf
13.	Der neue Zeitgeist – Elemente der NS-Ideologie	1. Die Weltanschauung herausarbeiten. 2. Ihren menschenverachtenden und nationalistischen Charakter erkennen. 3. Die Träger dieser neuen Ideologie bestimmen und dabei die besondere Funktion des neuen Mediums Radio erkennen. 4. Die Rolle der Schule herausarbeiten. 5. Die Ähnlichkeit mit den Verhältnissen unter der Hitlerdiktatur im Dritten Reich erkennen.	a) Auswertung der Hausaufgabe: Sammeln der Schülerbeiträge und Bewertung im UG. b) Die Träger bzw. Verbreiter dieses Gedankengutes festmachen und dabei die Funktion des Radios und der Schule herausstellen. c) Evtl.: Schülerreferate bzw. LV zu Grundelementen der NS-Ideologie und der Situation der Schule im Dritten Reich. d) Die Anklänge an die Verhältnisse im Dritten Reich herausarbeiten (evtl. auch als HA).
14.	Faschismuskritik	1. Die kritische Darstellung des *neuen Zeitgeistes* erkennen. 2. Reaktionen der Machthaber erörtern.	a) Besprechung der Schülerergebnisse. b) Die wertenden Schlüsselbegriffe und die gewählten Darstellungsmittel herausstellen. c) Evtl.: Biografisches Referat zu Horváth und seinem Werk, Betonung seiner Situation als Exilschriftsteller.
15.	Das Frauenbild im Roman	1. Die fast durchgängig abwertende Darstellung der Frauen erkennen. 2. Die Stellung der Frau in einer Männergesellschaft verdeutlichen: ihre Abhängigkeit und ihre Rollenfixiertheit. 3. Zeigen, dass zwischen alter und neuer Ideologie in dieser Hinsicht keine grundsätzlichen Unterschiede bestehen. 4. Die Frau als Opfer einer männerdominierten Gesellschaft erkennbar machen.	a) Auswertung der Hausaufgabe: Die Frauenfiguren zusammenstellen. b) Die Darstellung untersuchen und bewerten. c) Unterschiede zwischen der gesellschaftlichen Bedeutung der Frau in der alten und in der neuen Ideologie. d) Den Standpunkt des Erzählers in dieser Hinsicht untersuchen und festhalten.

	Hausaufgabe
a' Textstellen: S. 13, 14, 16, 19–20,23–24, 40, 61. SchB, UG und TA entwickeln. b' – Wer sind die Träger der neuen Ideologie? – Welche Rolle spielt das Radio bei ihrer Verbreitung? UG und TA entwickeln. c' LV oder Schülerreferat d' AA: Welche Ähnlichkeiten mit dem Nationalsozialismus werden erkennbar? UG und TA.	Wie wird die neue Ideologie vom Erzähler dargestellt? Textstellen: S. 23–24, 44, 58, 112.
a' SchB und UG. b' AA: Mit welchen Schlüsselbegriffen und mit welcher Wirkung wird die neue Ideologie dargestellt? UG und TA entwickeln. (s. TaBi 14) c' LV oder Schülerreferat: Zeittafel mit den wichtigsten Lebensdaten	Welche Frauenfiguren gibt es im Roman und wie werden sie dargestellt?
a' SchB, UG und TA entwickeln. (Textstellen: S. 27–29, 38–41, 43–44, 65–66, 97–99, 127–129, 144–145) b' Aspekte der Auswertung: – generelle Abwertung, – Rolle als Lustobjekt, – Versagen in der Mutterrolle, – Fremdbestimmtheit, – Frau als Opfer einer Männergesellschaft. c' AA: Welche Unterschiede bestehen zwischen der gesellschaftlichen Bedeutung der Frau in der alten und in der neuen Ideologie? UG und TA entwickeln. d' AA: Welche Haltung nimmt der Erzähler in dieser Hinsicht ein? UG und TA entwickeln.	Inwiefern ist der Lehrer an den Ereignissen besonders im Lager schuld? Begründung.

Stunden	Thema	Didaktische Aspekte (Inhalte/Ziele)	Methodische Realisierung/ Verlauf
16.	Die Schuldfrage	1. Erkennen, dass die Schuldfrage in verschiedener Hinsicht gestellt werden muss. 2. Den Begriff Schuld differenzierend definieren. 3. Das Motiv der Urschuld des Menschen analysieren und bewerten.	a) Text S. 139: ausgehend von der Textstelle und unter Einbeziehung der Schülervorbereitung die Schuldfrage diskutieren. b) Dazu weitere Äußerungen und das Schuldgeständnis heranziehen. c) Die Motive *Adam und Eva* und *Sintflut* interpretieren und den religiösen Gedankengehalt auf die Romanhandlung beziehen.
17.	JUGEND OHNE GOTT als Kriminalroman (mögliche A 1 c)	1. Die strukturellen Merkmale erkennen und zusammenstellen. 2. Die Kriminalhandlung herausarbeiten. (s. a. S. 34 ff.) 3. Die Funktion für den Text untersuchen.	a) Auswertung der Hausaufgaben. b) Systematisierung von Spannungsmerkmalen. c) Den Spannungsverlauf der Kriminalhandlung untersuchen. d) Diskussion: Funktion dieser Form? Dem Thema angemessen oder nicht?
18.	Der römische Hauptmann	1. Die Gemeinsamkeiten erkennen und als Gestaltungsmittel wahrnehmen. 2. Spiegelungstechnik untersuchen.	a) Auswertung der Hausaufgabe. b) Interpretation des Motivs. c) Beschreibung der Spiegelungstechnik. Ihre Funktion. Weitere Spiegelungen.
19.	Weitere Darstellungsmittel	1. Die kontrastive Darstellung und ihre kritische Funktion erkennen. 2. Die kritische Funktion der Groteske als Stilmittel erkennen.	Hier kann auf Teile von anderen Stunden zurückgegriffen werden bzw. diese werden erst hier ausführlicher behandelt. Behandelt werden könnten noch:
20.	Integrationsstunde	Integration der zentralen im Text angesprochenen Probleme.	Inhaltlich soll die Stunde offen bleiben. Die Konkretisierung ergibt sich aus dem jeweiligen Unterrichtsverlauf und aus den gewählten Schwerpunkten.

	Hausaufgabe
a' SchB. Im UG differenzieren und dazu ein Tafelbild entwickeln. (s. TaBi 16) b' Text S. 71, 78, 95. AA, UG und TA entwickeln (s. TaBi 16) c' AA: Was assoziieren die Motive *Adam und Eva* und *Sintflut?* Was hat dies mit der Romanhandlung zu tun? UG und TA entwickeln. A/PRO: I. Die Schuldfrage aus heutiger Sicht in einer Gerichtsverhandlung als Rollenspiel klären. II. Die Verhandlung gegen Eva als Rollenspiel entwerfen.	Kann man den Roman als Kriminalroman bezeichnen? Merkmale notieren.
a' SchB, UG und TA entwickeln. b' AA: Welche Merkmale gehören zu einem Kriminalroman und sind diese in *JUGEND OHNE GOTT* zu finden? UG und TA dazu entwickeln. c' AA: Skizziere den Spannungsverlauf der Kriminalhandlung. d' UG. A/PRO: Die Schüler sollen sich als Lektoren betätigen und in einem Gutachten darstellen, was sie streichen bzw. ergänzen würden um den Roman als Kriminalroman erscheinen lassen zu können.	Welche Gemeinsamkeiten haben der Erzähler und der römische Hauptmann?
a' SchB, UG und Entwicklung eines TA. b' UG und TA entwickeln. c' AA: Beschreibe die Spiegelungstechnik und überprüfe sie an anderen Motiven (Richter – Henker, Lehrer – T). UG und TA entwickeln. (s. S. 109 ff., 140 f.) (s. TaBi 18) A/PRO: Zum Kapitel **Der römische Hauptmann** eine weitere Vision des Lehrers erfinden, in der der römische Hauptmann aus dem Bild steigt und den Lehrer in ein Gespräch verwickelt. Darin sollte die Parallelität der Lebensentwürfe zum Ausdruck kommen.	
– die **lieblichen Gedanken** (S. 57 f.) – Das Kapitel **Das Gespenst** – Julius Caesars Plan der **Rekonstruktion des Verbrechens im Bett.** – die Kinder in den Fenstern (s. TaBi 19 b) s. auch 11. Stunde	
Eine Integration ist z. B. auch aus der Diskussion der Schuldfrage heraus vorstellbar (16. Stunde), besonders wenn man dabei den Schwerpunkt weg vom Erzähler und hin zu den übrigen Handlungsfiguren lenkt. An eine solche Diskussion könnte sich die kreative Aufgabe anschließen den Roman um ein kurzes Kapitel zu erweitern, das in Afrika spielt.	

Themenliste für Schülerreferate:

Bei den einzelnen Themenvorschlägen genannte Literatur sollte nur nach einer Vorauswahl durch den Lehrer und zusammen mit Hinweisen den Schülern zur Verfügung gestellt werden. Sie stellt unterschiedlich hohe Anforderungen an deren methodische Fähigkeiten.

1. Biografie und Werkbiografie mit dem Schwerpunkt auf der Exilzeit. Horváth auch als Theaterautor bewusst machen, eventuell thematische Verbindungen aufzeigen.
   Siehe Literaturliste: Hildebrandt (1975) und Krischke, Horváth-Chronik.
2. Typische Erzählsituationen.
   E. Lämmert, Bauformen des Erzählens. Stuttgart 1955. Franz K. Stanzel, Typische Formen des Romans. Göttingen 1974. H. L. Arnold u. V. Sinemus (Hrsg.), Grundzüge d. Literatur- und Sprachwissenschaft, Bd. 1 Literaturwissenschaft (dtv). München 1973. Gerhart Wolff (Hrsg.), Theorie und Praxis des Erzählens (Reclam Arbeitstexte f. d. Unterricht). Stuttgart 1988.
3. Horváths Quelle für Julius Caesars astrologische Vorstellungen.
   Hans Künkel, Das große Jahr. Der Mythos von den Weltzeitaltern. Jena 1922 (Nachdruck Waakirchen 1980).
4. NS-Ideologie in Grundzügen.
5. Das Reichskonkordat und die Rolle der Kirche im Dritten Reich.
6. Die Rolle der Schule im Dritten Reich.
7. Jugend unterm Hakenkreuz – insbesondere Schule.
8. Das Radio als Propagandainstrument.
9. Bücherverbrennung – Zensur – Verbot.

Zum Themenkomplex *Nationalsozialismus* kann folgende Literatur verwendet werden:

Bracher, Funke, Jacobsen (Hrsg.), Die nationalsozialistische Diktatur 1933–1945. Bd. 192 der Schriftenreihe der Bundeszentrale f. politische Bildung, Bonn 1986.
(geeignet für die Themen 4–9)

Funke, Jacobsen, Knütter, Schwarz (Hrsg.), Demokratie und Diktatur. Bd. 250 der Schriftenreihe der Bundeszentrale f. politische Bildung, Bonn 1987.
(geeignet für Thema 5)

Martin Broszat, Der Staat Hitlers (dtv Weltgeschichte d. 20. Jahrhunderts). München 1986.
(geeignet für die Themen 3, 7, 9)

Walter Hofer (Hrsg.), Der Nationalsozialismus. Dokumente 1933–1945. (Fischer-Tb 6084).
(geeignet für die Themen 4, 5, 9)

Erika Mann, Zehn Millionen Kinder. Die Erziehung der Jugend im Dritten Reich. (dtv 11125)
(geeignet für Thema 7)

Schule im Dritten Reich – Erziehung zum Tod. Eine Dokumentation (dtv Zeitgeschichte dtv 10390)
(geeignet für die Themen 4, 6)
Frauen unterm Hakenkreuz. Eine Dokumentation (dtv Zeitgeschichte dtv 10390)
(geeignet für Thema 4)
Georg Denzler u. Volker Fabricius, Die Kirchen im Dritten Reich. Dokumente. (Fischer-Tb 4321)
(geeignet für Thema 5)
Ernst Klee, Die SA Jesu Christi. Die Kirche im Banne Hitlers. (Fischer-Tb 4409)
(geeignet für Thema 5)

3 Klausurvorschläge

Kreative Aufgaben

1. Schreiben Sie eine Buchbesprechung zu Horváths Roman *Jugend ohne Gott*. Gesichtspunkte: Autor – Inhalt/Handlungsgang – Thematik/Problematik – inhaltsbezogene Bewertung. (GK)
2. Verfassen Sie zu einer Neuausgabe von Horváths Roman *Jugend ohne Gott* einen Klappentext und einen Anzeigentext für eine Werbekampagne in großen Tageszeitungen. (GK)

Literarische Erörterung:

3. Horváth behauptete, er habe in seinem Roman den Menschen im Faschismus gezeigt. Setzen Sie sich mit dieser Selbsteinschätzung Horváths kritisch auseinander. (LK)
4. Kann man bei Horváths Roman *Jugend ohne Gott* von einem Kriminalroman sprechen? Erörtern Sie diese Frage anhand des Textes.

Textinterpretationen:

5. Textgrundlage: Das Kapitel **Der römische Hauptmann** (S. 53–56)
   a) Fassen Sie den Inhalt kurz zusammen und ordnen Sie ihn in den Gesamtzusammenhang des Romans ein.
   b) Zeigen Sie, inwiefern sich in diesem Motiv die Situation des Erzählers widerspiegelt.
   c) Erörtern Sie, inwiefern und wodurch es dem Erzähler gelingt, den Standpunkt des römischen Hauptmannes zu überwinden. (GK/LK)
6. Textgrundlage: Das Kapitel **Das Brot** (S. 21–23)
   a) Fassen Sie den Inhalt des Kapitels kurz zusammen und ordnen Sie ihn in den Gesamtzusammenhang des Romans ein.
   b) Arbeiten Sie die Einstellung des Lehrers der Klasse und seiner eigenen Situation gegenüber heraus.
   c) Zeigen Sie unter Heranziehung geeigneter Textstellen, was sich in diesen beiden Bereichen ändert. (GK/LK)

7. Textgrundlage: Das Kapitel **In der Wohnung** (S. 93–96)
   a) Fassen Sie den Inhalt des Kapitels zusammen und ordnen Sie ihn in den Gesamtzusammenhang des Romans ein.
   b) Analysieren und interpretieren Sie das Kapitel.
   c) Zeigen Sie dabei, welche Bedeutung die Begegnung mit Gott für die religiöse und persönliche Entwicklung des Erzählers hat. (GK/LK)
8. Textgrundlage: Das Kapitel **Der letzte Tag** (S. 80–82)
   a) Erläutern Sie den Inhalt des Kapitels und ordnen Sie ihn in den Gesamtzusammenhang des Romans ein.
   b) Interpretieren Sie das Kapitel. Gehen Sie dabei auf die erzählerischen Besonderheiten ein.
   c) Zeigen Sie, welche Bedeutung Gott für die religiöse und persönliche Entwicklung des Erzählers hat. (GK/LK)

4 Tafelbilder

Tafelbild zu Stunde 1

Das Verhältnis Klasse – Lehrer

Klasse		Lehrer
Distanz – Reserviertheit →		← Distanz
Unverständnis – Misstrauen →		← Unverständnis – Erstaunen
Bespitzelung →	ϟ	← Vorsicht – Misstrauen
Feindschaft →		← Verachtung – Feindschaft

Tafelbild zu Stunde 2

Die Jugend

Die Klasse				**Urteile der Erwachsenen**	
14-Jährige		←	V	ohne korrekte Pubertät	**Julius Caesar**
Fabrikantensöhne	T	←		zu oft missbraucht	
Professorensöhne	Z	←	O	Spötter	
Handwerkersöhne	N	←		ihr Ideal = der Hohn	
keine Arbeiterkinder			R		
Die Mädchenklasse		←	U	verrohte Gesellschaft Bande	**Lehrer**
Der Klub		←	R	keine Menschen	
Gymnasiasten		←		Spötter	
Lehrlinge			T		
Die Jugendbande					
			E		
Heimarbeiterkinder Waise Eva		←		Unkraut	**Bauer**
			I		
Die Kinder in den Fenstern					
			L		
Heimarbeiterkinder Arbeitslosenkinder		←	E	verhetzt ohne Glauben	**Pfarrer**

Tafelbild zu Stunde 3

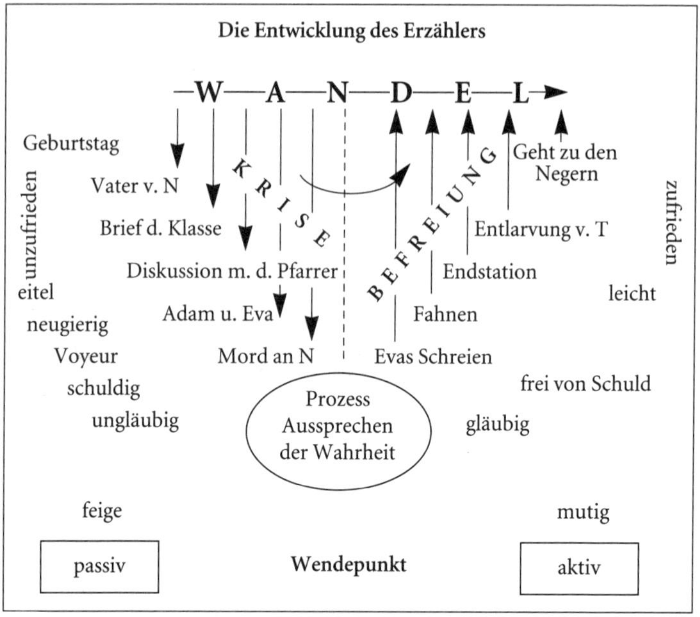

Tafelbild zu Stunde 4

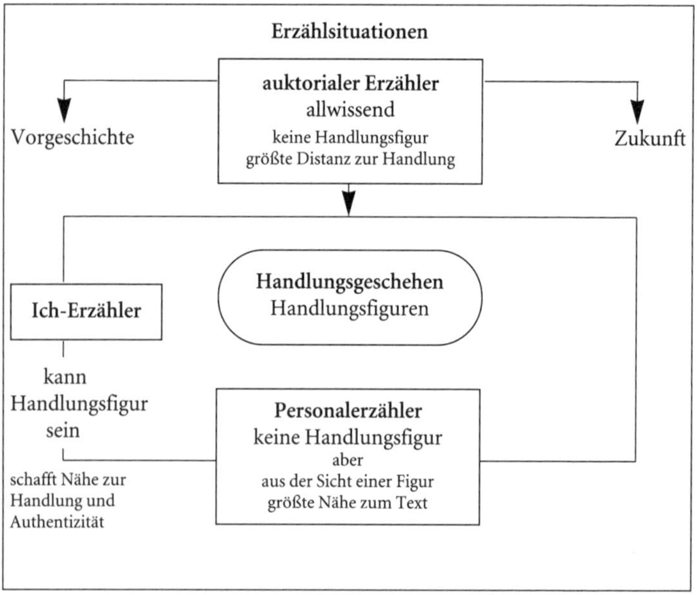

Tafelbild zu Stunde 7

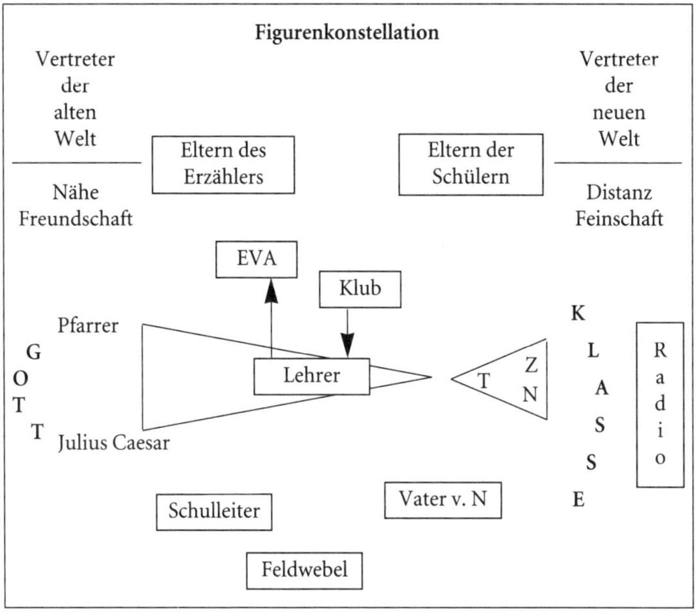

Tafelbild zu Stunde 8

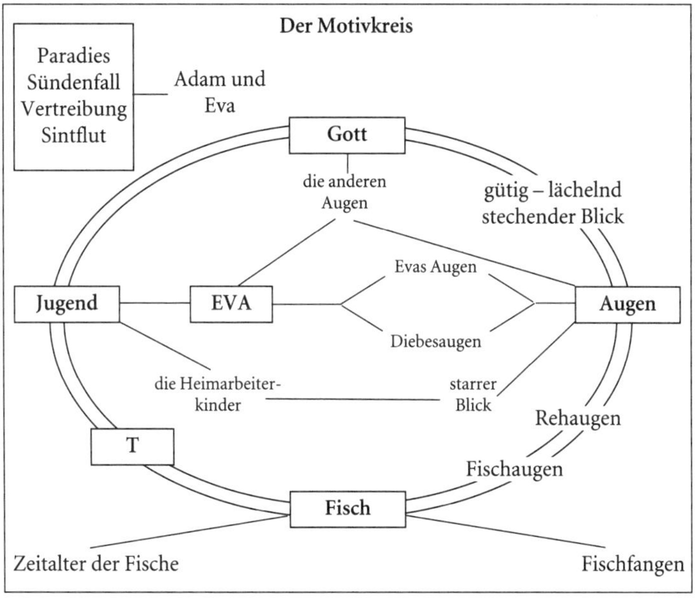

Tafelbild zu Stunde 10a

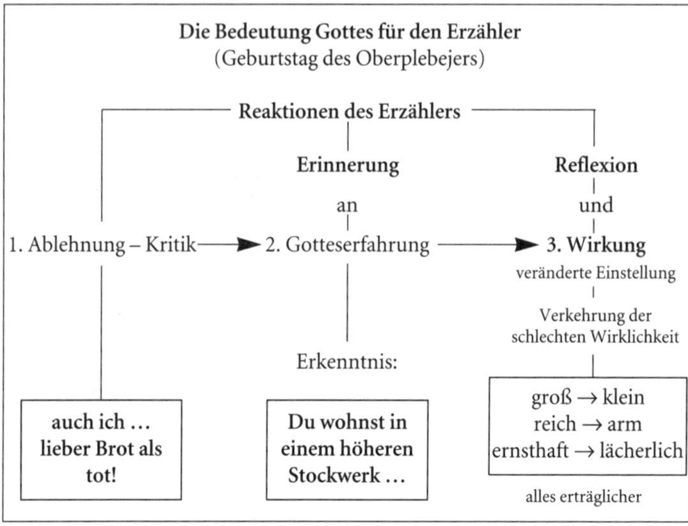

Tafelbild zu Stunde 10b

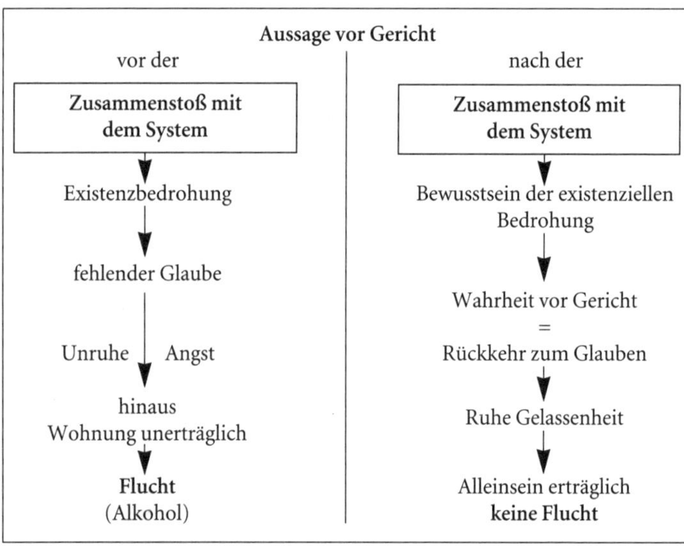

Tafelbild zu Stunde 11

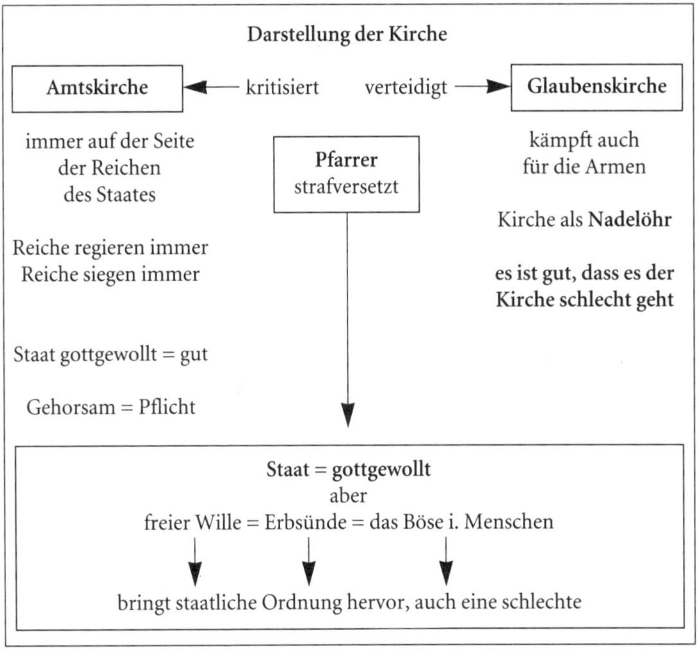

Tafelbild zu Stunde 12

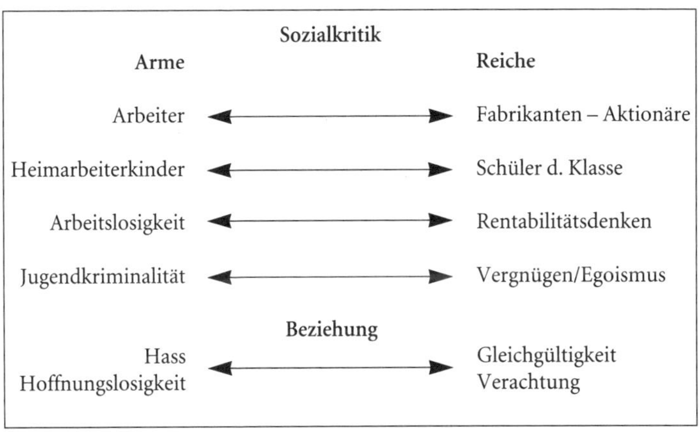

Tafelbild zu Stunde 14

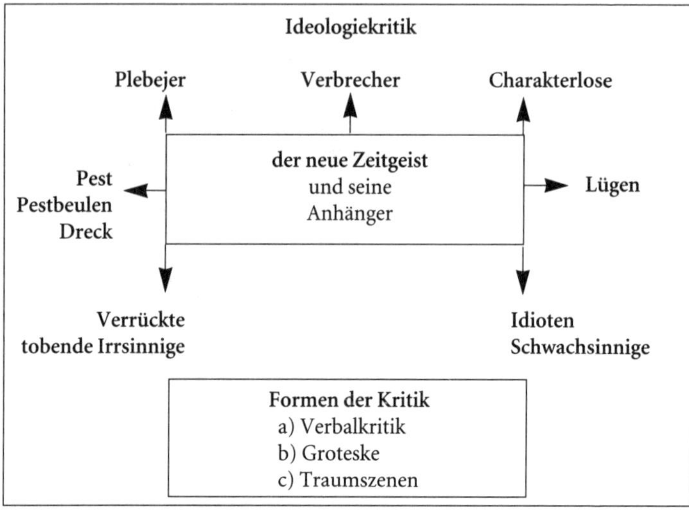

Tafelbild zu Stunde 16

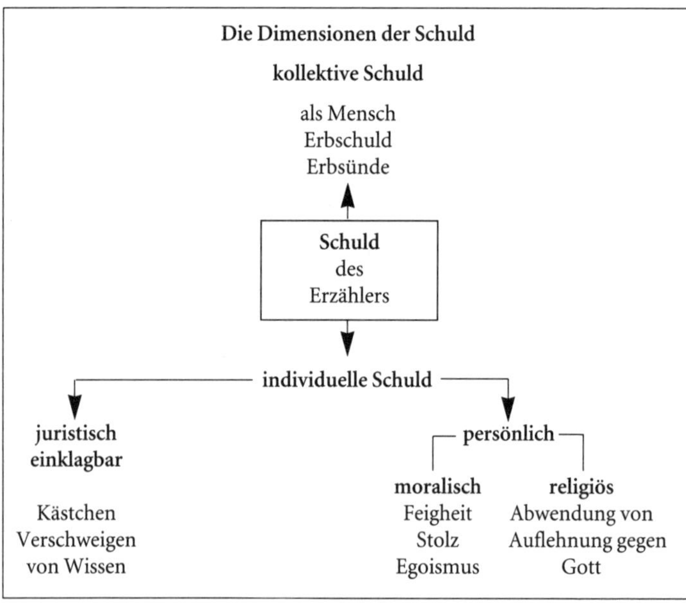

Tafelbild zu Stunde 18

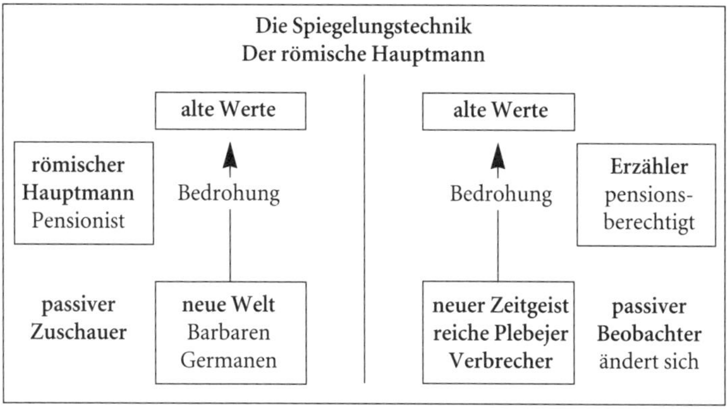

Tafelbild zu Stunde 19a

Kontrastive Darstellung
1. Kirche

Amtskirche	⟷	**Glaubenskirche**
Kirche	⟷	Pfarrer
Kirchhof	⟷	Pfarrhaus
streng	⟷	gemächlich
Friedhof = Garten des Todes	⟷	Pfarrgarten = Blumen- u. Gemüsegarten
Glocken	⟷	blauer Dunst
Kreuze	⟷	Gartenzwerge
alles zu Staub	⟷	kein Stäubchen
Tod/Verfall	⟷	Leben

Tafelbild zu Stunde 19b

2. Sozialkritik
Die Kinder in den Fenstern

drinnen	⟷	draußen
Kinder	⟷	alte Gesichter
weiß	⟷	bunt
Arbeit	⟷	Puppen (Spiel ??)
kein Licht	⟷	helle Sonne
Trostlosigkeit Hass	⟷	???

Anhang

Anmerkungen

Anmerkungen zu den Kapiteln 1–2

[1] Dieter Hildebrandt, Ödön von Horváth in Selbstzeugnissen und Bilddokumenten, Reinbek bei Hamburg 1975, S. 86.

[2] Nach D. Hildebrandt, S. 128, sind dies *Don Juan kommt aus dem Krieg, Ein Dorf ohne Männer, Der jüngste Tag, Glaube Liebe Hoffnung* und *Figaro lässt sich scheiden.*

[3] Traugott Krischke (Hrsg.), Ödön von Horváth, Frankfurt a. M. 1981, S. 234. Im Folgenden als Krischke (1981) abgekürzt.

[4] Ulf Birbaumer, Trotz alledem: die Liebe höret nimmer auf. Motivparallelen in Horváths *Der Lenz ist da!* und *Jugend ohne Gott.* In: Horváths *Jugend ohne Gott.* Hrsg. von Traugott Krischke, Frankfurt a. M. 1984, S. 116–128. Im Folgenden abgeküzrt als Krischke (1984).

[5] A.a.O., S. 117.

[6] Im Band 13 der KWA, S. 153 ff. Erschienen in der Reihe suhrkamp taschenbuch: Ödön von Horváth, Gesammelte Werke. Kommentierte Werkausgabe in Einzelbänden. Herausgegeben von Traugott Krischke unter Mitarbeit von Susanna Foral-Krischke. Bd. 1–15, Frankfurt a. M. 1983 ff. Im Folgenden abgekürzt als KWA. Der Romantitel wird im Folgenden abgeküzt als JoG.

[7] A.a.O., S. 154.

[8] A.a.O., S. 156.

[9] A.a.O., S. 156 f.

[10] Alle Angaben a.a.O., S. 157 f.

[11] A.a.O., S. 179, Anm. 19.

[12] A.a.O., S. 159.

[13] Traugott Krischke, Aspekte und Möglichkeiten der Horváth-Forschung. In: Literatur und Kritik, Hefte 231/232, 1989, S. 1–10.

[14] Horváths *Jugend ohne Gott.* Hrsg. von Traugott Krischke (Krischke 1984).

[15] Brigitte Röttger, *Auf der Suche nach den Idealen der Menschheit.* Ödön von Horváths Roman *Jugend ohne Gott.* In: Text und Kontext, Zeitschrift für germanistische Literaturforschung in Skandinavien, Jahrg. 14, 1986, S. 70–119.

[16] B. Röttger, S. 103.

[17] Franz Kadrnoska, Sozialkritik und Transparenz faschistischer Ideologeme in *Jugend ohne Gott.* In: Krischke (1984), S. 69–91.

[18] Ödön von Horváth, Gesammelte Werke in 8 Bdn., Bd. 8, Frankfurt 1972, S. 668–671. Im Folgenden GW abgekürzt.

[19] Kadrnoska, S. 83 f.

[20] Wolf Kaiser, *Jugend ohne Gott* – ein antifaschistischer Roman? In: Krischke (1984), S. 48–68.

[21] A.a.O., S. 50.

[22] A.a.O., S. 62.

[23] Ebenda.

[24] Adolf Hasslinger, Ödön von Horváths *Jugend ohne Gott* als Detektivroman. Ein Beitrag zur österreichischen Kriminalliteratur. In: Studien zur Literatur des 19. und 20. Jahrhunderts. Festschrift für Alfred Doppler zum 60. Geburtstag. Hrsg. von J. Holzner/M. Klein/W. Wiesmüller, Innsbruck 1981, S. 197–204.

[25] A.a.O., S. 200.

[26] Ebenda.

[27] So betiteln Horst Jarka wie auch Wolfgang Lechner ihre Untersuchungen *Zur Horváthrezeption*, die Rede ist dann dabei aber ausschließlich vom Dramatiker Horváth. Beide Beiträge in Krischke (1981), Jarka, S. 156–184, und Lechner, S. 185–201.

[28] Reinhold Viehoff, »Neben Brecht einer der bedeutendsten deutschsprachigen Schriftsteller unseres Jahrhunderts«. Zur Rezeption Ödön von Horváths ... und zur Rezeptionsforschung. In: Traugott Krischke (Hrsg.), Horváths Prosa, Frankfurt a. M. 1989, S. 190–219. Im Folgenden als Krischke (1989) abgekürzt.

[29] A.a.O., S. 197.

[30] Ebenda.

[31] A.a.O., S. 199.

[32] A.a.O., S. 200.

[33] A.a.O., S. 201.

[34] Siehe dazu ausführlicher bei Wolf Kaiser in: Krischke (1984), S. 48–68.

[35] Nach der Bibliografie der Übersetzungen in Krischke (1984), S. 260.

[36] Krischke (1984), S. 248–253.

[37] A.a.O., S. 254 f.

[38] A.a.O., S. 248.

[39] Siehe bei Jürgen Schröder, Das Spätwerk Ödön von Horváths. In: Krischke (1981), S. 127.

[40] Siehe Viehoff in: Krischke (1989), S. 205 f. Er hebt besonders die Arbeiten von B. Röttger und die von Juliane Eckhardt

hervor. Letztere bereitet JoG erstmals didaktisch für die Behandlung im Deutschunterricht auf.

Anmerkungen zu den Kapiteln 3–7

1 Siehe dazu Adolf Hasslinger, Anmerkung 24, Kapitel 1–2, er spricht allerdings von Textstrukturen und nicht von Handlungssträngen. Siehe auch Anm. 7.
2 JoG, S. 75.
3 Nähere Angaben dazu S. 31, Kapitel 4.1.
4 Z. B. bei dem vom Lehrer belauschten Gespräch der beiden Mädchen über den Sinn wehrsportlicher Übungen. JoG, S. 44.
5 Siehe JoG, S. 123.
6 B. Röttger, S. 89, spricht hierbei von Zusammenhängen: einem Ereigniszusammenhang und einem Reflexionszusammenhang.
7 Eberhard Lämmert, Bauformen des Erzählens, Stuttgart 1989, S. 44. Er verlangt einen selbst tragenden Stoff und Divergenzen in wenigstens einem der folgenden drei Kriterien: verschiedene Handlungszeit – verschiedene Personen – verschiedener Schauplatz. Lediglich von Handlungsfäden zu sprechen erscheint mir andererseits zu wenig.
8 Ich beziehe mich hier auf Ausführungen Adolf Hasslingers, siehe Anm. 1.
9 Die genauere Analyse der Beziehung Erzähler – Gott siehe S. 64 ff.
10 JoG, S. 11.
11 JoG, S. 52 ff.
12 JoG, S. 126.
13 Näheres dazu siehe S. 64 ff.
14 Siehe dazu auch S. 57 ff. und S. 75 f.
15 Siehe Röttger, S. 90.
16 Angelika Steets: Erzähler und Erzählsituation bei Ödön von Horváth. In: T. Krischke (1981) S. 87–124. Es handelt sich dabei um das 1. Kapitel ihrer Dissertation: Die Prosawerke Ödön von Horváths. Versuch einer Bedeutungsanalyse. München 1974.
17 B. Garbe: Beobachtungen zur poetischen Sprache Horváths in *Jugend ohne Gott*. In: T. Krischke (1984), S. 106. Hier und auf den folgenden Seiten werden ausführlich die Prinzipien in Stichwortreihen für zahlreiche Kapitel demonstriert.
18 Alle Zitate Garbe, S. 106.
19 Hierzu in einer ausführlichen und erhellenden Studie Bettina Kranzbühler: Zitat-Technik und Leitwortstil in der Prosa Ödön von Horváths. München 1982.
20 An dieser Stelle geht es zunächst nur um den strukturellen Zusammenhang der Motive. Eine ausführliche Interpretation zu ausgewählten Motiven findet sich unter Kapitel 7, S. 64 ff.
21 Siehe dazu S. 64 ff.
22 A. Steets folgt hier Lubomír Dolozéls »Typologie des Erzählers«. Erzählsituationen, in: Jens Ihwe, Literaturwissenschaft und Lingusitik Band III, Frankfurt a. M. 1972, S. 366–392. Er unterscheidet insgesamt sechs Erzählertypen, drei in der dritten Person (rhetorische, objektive und subjektive dritte Person) und drei in der ersten Person (auktoriale, rein beobachtende und personale erste Person).
23 Siehe dazu auch S. 31 ff.
24 Juliane Eckhardt: *Jugend ohne Gott* im Literaturunterricht. In: T. Krischke (1984), S. 199. Sie zählt dazu neben dem Tagebuch z. B. den Elternbrief an N und die Berichte des Klubs und spricht ihnen die Funktion zu, den Realitätsgehalt der Erzählerdarstellung zu unterstreichen.
25 Gleiches gilt für B als Abgesandten des Klubs und für die Aussagen des Z vor Gericht.
26 A. Steets, a.a.O., S. 112 ff.
27 Siehe dazu J. Eckhardt, S. 202, und A. Steets, S. 112 ff.
28 In GW, Bd. 8, »Gebrauchsanweisung«, S. 659 ff.
29 A.a.O., S. 660.
30 A.a.O., S. 662.
31 A. Steets, NS-Sprache in Horváths Romanen. In: Krischke (1989), S. 113–132.
32 Dieter Hildebrandt, Der Jargon der Uneigentlichkeit, in: Akzente 72, S. 109 ff.
33 Siehe dazu A. Steets. In: Krischke (1981), S. 90 ff.
34 A.a.O., S. 91 ff.
35 Burckhard Garbe, S. 92 ff.
36 Ebenda.
37 Wobei Horváth dem keine poetisch begründete Bedeutung zumisst: »[. . .] – ich schreibe ja auch nur deshalb süddeutsch, weil ich anders nicht schreiben kann.« In: »Gebrauchsanweisung«, S. 660, siehe Anm. 8.
38 Auch im Sinne von B. Kranzbühler, die ja einzelne Romanfiguren als Zitatenträger bestimmter Weltanschauungen einstuft.
39 A. Steets. In: Krischke (1989), S. 115 ff.
40 B. Kranzbühler, S. 6.
41 Ebenda.
42 Siehe JoG, S. 158.
43 A. Steets. In: Krischke (1989), S. 121.
44 Siehe JoG, S. 19 f. und 84 f.
45 Siehe J. Eckhardt, S. 200.
46 Gott wird hier als Handlungsfigur gesehen, da er auf einer der drei postulierten Ebenen – wenn auch nur für den Erzähler wahrnehmbar – erscheint.
47 Siehe dazu ausführlicher B. Röttger, S. 71 ff.
48 Näheres dazu bei B. Kranzbühler, S. 28 ff.

[49] JoG, S. 27 f.
[50] Siehe dazu B. Kranzbühler, S. 33.
[51] Im Sinne Lotmanns das entscheidende Kriterium für eine zentrale Figur. S. auch B. Röttger, S. 78. A. Steets spricht hier von Beweglichkeit.
[52] B. Röttger, S. 73 ff.
[53] A.a.O., S. 74.
[54] B. Kranzbühler, S. 29 ff.
[55] A.a.O., S. 32.
[56] JoG, S. 51.
[57] Jürgen Schröder, Das Spätwerk Ö. von Horváths. In: Krischke (1981), S. 136.
[58] JoG, S. 141.
[59] JoG, S. 66.
[60] JoG, Anhang, S. 158.
[61] Davon sprechen der Lehrer, JoG, S. 24 und Z, S. 61.
[62] Garbe, S. 100 ff.
[63] Z. B. die Szene am Schluss des Kapitels 15, S. 57 f.
[64] Garbe, S. 112. Beispiele im Roman finden sich auf den S. 18, 22, 40, 45 (Feldwebel), 57, 83, 85, 112.
[65] Siehe JoG, S. 25, 43, 44, 78, 112.
[66] Axel Fritz, Ödön von Horváth als Kritiker seiner Zeit. In: Akzente, 19. Jhrg., 1972, S. 97–109, Zitat S. 100.
[67] Ebenda.
[68] A.a.O., S. 99.
[69] So sieht B. Röttger, S. 81, das Sujet des Romans »[...] als Kritik an der ›Mitarbeit‹ in dem als ›mörderisch‹ gesehenen, faschistischen Staat, in dem alle schuldig werden, teils, weil sie diese schweigend decken und insofern zu ›Lügen‹ tolerierenden oder selbst erzeugenden ›Kollaborateuren‹ werden.«
[70] Abgedruckt in JoG, S. 154.
[71] Siehe S. 37 f.
[72] Siehe JoG, S. 17: »es waren keine Arbeiter darunter«.
[73] Siehe dazu auch B. Röttger, S. 82.
[74] JoG, S. 97 ff.
[75] JoG, S. 63.
[76] JoG, S. 48.
[77] Siehe Kurt Bartsch, ... denn das Weib repräsentiert die Natur. Zum Frauenbild im Werk Ödön von Horváths. In: Literatur und Kritik, H. 23, 1989, S. 52–63.
[78] Siehe Max Horkheimer u. Theodor Adorno, Dialektik der Aufklärung. Philosophische Fragmente, Frankfurt 1986, S. 79.
[79] Siehe Bartsch, a.a.O., S. 61.
[80] A. Fuhrmann, Der historische Hintergrund Schule – Kirche – Staat in Horváths *Jugend ohne Gott*. In: Krischke (1984), S. 129 ff. Er sieht in dem Pfarrer einen Priester, der über das Reichskonkordat und dessen Bruch durch Hitler in Gewissensnöte und in Konflikt mit seiner Kirche geraten ist.
[81] Die geistesgeschichtlichen Hintergründe dazu und weitere Gesichtspunkte im folgenden Kapitel.
[82] B. Kranzbühler, S. 28.
[83] Siehe Wolfgang Iser, Der Akt des Lesens, München, [3]1990, S. 155 ff.
[84] B. Röttger, S. 90.
[85] Ausführlichere Hinweise dazu finden sich bei B. Röttger und B. Kranzbühler, außerdem noch im Anmerkungsteil der verwendeten Textausgabe. An dieser Stelle wird nur eine straffe Zusammenfassung gegeben.
[86] Siehe dazu B. Röttger, S. 90 ff.
[87] Dass Horváth psychologische Gedankengänge geläufig waren, zeigt auch seine »Gebrauchsanweisung« (siehe Anm. 28), in der er dem Theater eine Entlastungs- oder Ventilfunktion für die Befriedigung asozialer Triebe durch das Miterleben zuschreibt. Das Theater erhält somit eine sozialpädagogische Aufgabe. Freud spricht in unserem Zusammenhang vom »Urmenschen« und seinem zwiespältigen Verhältnis zum Tod, insbesondere »[...] zum Tod des anderen, des Fremden, des Feindes. [...] Der Tod des anderen war ihm recht, galt ihm als Vernichtung des Verhaßten, und der Urmensch kannte keine Bedenken, ihn herbeizuführen. [...] Er (der Urmensch) war gewiß ein sehr leidenschaftliches Wesen, grausamer und bösartiger als andere Tiere. Er mordete gerne und wie selbstverständlich.«
In der »Urhorde« sieht Freud die »Urform der menschlichen Gesellschaft«, die »[...] von einem starken Männchen unumschränkt beherrschte Horde«. Mit dieser Urhorde vergleicht er die »menschlichen Massen« der modernen Gesellschaft und erkennt darin »[...] das vertraute Bild des überstarken Einzelnen inmitten einer Schar von gleichen Genossen«. Die Psychologie dieser Masse charakterisiert er mit dem »Schwund der bewußten Einzelpersönlichkeit, der Orientierung von Gedanken und Gefühlen nach gleichen Richtungen, der Vorherrschaft der Affektivität«. All das entspricht nach Freud »[...] einem Zustand von Regression zu einer primitiven Seelentätigkeit, wie man sie gerade der Urhorde zuschreiben möchte«.
(Näheres dazu: Sigmund Freud, Studienausgabe (1982), Bd. IX, S. 52 f. (Zeitgemäßes über Krieg und Tod) sowie S. 114–119 (Die Masse und die Urhorde).
[88] B. Röttger, S. 94.
[89] Mehr dazu a.a.O., S. 95 ff.
[90] B. Röttger folgend in verkürzter Form dargestellt.

[91] B. Röttger, S. 101.
[92] Zu den Phasen der religiösen Entwicklung siehe Kapitel 4.1, S. 31 f.
[93] Siehe dazu Adolf Holl, Gott ist die Wahrheit oder: Horváths Suche nach der zweiten religiösen Naivität. In: Krischke (1984), S. 147–156.
[94] A. Holl a.a.O., S. 149.
[95] JoG S. 57, 59, 72, 80 ff.
[96] A. Holl a.a.O., S. 154.
[97] Kranzbühler a.a.O., S. 14.
[98] A. Holl a.a.O., S. 150.
[99] Siehe Kapitel 4.1., S. 31 f.
[100] Siehe Kapitel 6.2, S. 51 f.
[101] Siehe B. Röttger, S. 100.
[102] Manfred Lurker (Hrsg.), Wörterbuch der Symbolik, Stuttgart 1988.
[103] A.a.O., S. 698.
[104] Siehe Kapitel 4.2.2., S. 36 f.
[105] Susanne Feigl, Das Thema der menschlichen Wandlung in den Romanen Ödön von Horváths. Diss., Wien 1970, S. 102.
[106] Wörterbuch der Symbole, S. 204 f.
[107] B. Kranzbühler, S. 19 f. Sie analysiert und interpretiert das Motiv »Zeitalter der Fische« ausführlich und führt eine Quelle Horváths, Hans Künkels Weltzeitaltertheorie, an. Danach befindet sich die Welt seit 150 v. Chr. im Zeitalter der Fische und dreht sich in das Zeichen des Wassermanns, das nach 1950 beginnen soll. Im Wassermann-Menschen erkennt man dabei deutlich T, der im Roman als Fisch bezeichnet wird. Den Wassermann-Menschen zeichnen aus: eine mitleidlos klare metallische Eigenart, während Künkels Fisch-Mensch eher dem Erzähler gleicht. Er ist weich, unentschlossen und sentimental.
[108] Siehe hierzu: B. Röttger, S. 97–99, B. Kranzbühler, S. 46–48 und S. Feigl, S. 82–95. B. Kranzbühler sieht im Thema Schuld das wichtigste Leitmotiv des Romans.
[109] JoG, S. 44.
[110] JoG, S. 71.
[111] JoG, S. 47–53.
[112] JoG, S. 62.
[113] JoG, S. 72.
[114] S. Feigl, S. 85.
[115] A.a.O., S. 94.
[116] JoG, S. 136–139.
[117] JoG, S. 139–142.
[118] Siehe dazu B. Röttger, S. 88 ff.
[119] JoG, S. 26–30.
[120] Das Kapitel »Die marschierende Venus« JoG, S. 38–41, dazu kommt das Kapitel »Der verschollene Flieger« JoG, S. 43–44.
[121] Siehe dazu mehr bei S. Feigl, die das Motiv im Wesentlichen im Zusammenhang mit der Wandlung des Lehrers sowie der Mutter von T sieht.
[122] JoG, S. 36 f., 46, 48, 51, 125, 130, 146 f.
[123] JoG, S. 20 f.
[124] Dazu B. Kranzbühler, S. 12 und JoG, S. 24; einen anderen Lebensentwurf aus dem antiken Motivkreis stellt der »römische Hauptmann« dar.
[125] JoG, S. 112 f.
[126] JoG, S. 19.

Anmerkungen zu den Unterrichtshilfen

[1] T. Krischke (1984), S. 220 Anm. 3.
[2] A.a.O., S. 207.
[3] Veröffentlicht sind die Arbeiten in T. Krischkes Materialbänden zu Horváths Werk. Zu den Theaterstücken, in: Horváths Stücke, Hrsg. T. Krischke, Frankfurt 1988. Zu den Romanen, in: Horváths Prosa, Hrsg. T. Krischke, Frankfurt 1989, S. 220–256. Zu *Jugend ohne Gott*, in: Horváths Jugend ohne Gott, Frankfurt 1984, S. 198–221.
[4] Albert Schmelzer, Ödön von Horváth, *Jugend ohne Gott*. Ein Beitrag zum Deutschunterricht der Klasse 11. In: Erziehungskunst, Monatsschrift zur Pädagogik Rudolf Steiners. XLVII. Jahrgang (1983), Heft 2, S. 69–75.
[5] Material verschiedener Art bietet dazu der Materialband zu JoG, Krischke (1984), S. 223–255. Zu folgenden Themen werden Zeitungsberichte, Äußerungen von Zeitgenossen sowie Gesetze und Verordnungen in Ausschnitten abgedruckt: Bücherverbote, Zensur, Bücherverbrennung, Hitler-Jugend, Erziehungsziele des Nationalsozialismus.
[6] Siehe Anmerkung 5.

Literaturverzeichnis

Da in einer ganzen Reihe von Büchern über Horváth und sein Werk ausführliche Auswahlbibliografien enthalten sind – insbesondere in den Materialienbänden –, wird hier nur die verwendete Literatur aufgeführt.

Primärliteratur

Gesammelte Werke (in acht Bänden). Hrsg. v. T. Krischke und Dieter Hildebrandt. Frankfurt/Main 1972 (werkausgabe edition suhrkamp) 2. verb. Aufl. 1978 (mit Daten, Bibliografie und Register).

Gesammelte Werke. Kommentierte Werkausgabe in Einzelbänden. Hrsg. von T. Krischke unter Mitarbeit von S. Foral-Krischke. Frankfurt/Main 1983 ff. Mit Anhang: Entstehung, Überlieferung, Textgestaltung und Erläuterungen. Daraus Band 13, *JUGEND OHNE GOTT*. (zit. Seitenzahlen in Klammern)

Sammel- bzw. Materialienbände

Ödön von Horváth. Hrsg. von T. Krischke. Frankfurt/Main 1981. (Krischke [1981])

Horváths *JUGEND OHNE GOTT*. Hrsg. von T. Krischke. Frankfurt/Main 1984. (Krischke [1984])

Horváths Stücke. Hrsg. von T. Krischke. Frankfurt/Main 1988 (Krischke [1988])

Horváths Prosa. Hrsg. von T. Krischke. Frankfurt/Main 1989. (Krischke [1989])

Horváth-Chronik. Hrsg. von T. Krischke. Frankfurt/Main 1988

Sekundärliteratur

Bartsch, Kurt: ... denn das Weib repräsentiert die Natur. Zum Frauenbild im Werk Ödön von Horváths. In: Literatur und Kritik, Heft 231/232 (1989), S. 52–62.

Birbaumer, Ulf: Trotz alledem: die Liebe höret nimmer auf. Motivparallelen in Horváths *DER LENZ IST DA!* und *JUGEND OHNE GOTT*. In: Krischke (1984), S. 116–128.

Bossinade, Johanna: Verloren, was ich niemals besessen hab. Ödön von Horváths Exilromane. In: Krischke (1989), S. 74–97.

Dolozél, Lubomír: Typologie des Erzählers. Erzählsituationen. In: Jens Ihwe, Literaturwissenschaft und Linguistik Band II. Frankfurt/Main 1972, S. 366–392.

Eckhardt, Juliane: *JUGEND OHNE GOTT* im Literaturunterricht. In: Krischke (1984), S. 198–221.

Feigl, Susanne: Das Thema der menschlichen Wandlung in den Romanen Ödön von Horváths. Diss. Wien 1970.

Fritz, Axel: Ödön von Horváth als Kritiker seiner Zeit: In: Akzente, Jahrg. 19 (1972), S. 97–109.

Fuhrmann, Horst: Der historische Hintergrund Schule – Kirche – Staat in Horváths *JUGEND OHNE GOTT*. In: Krischke (1984), S. 129–146.

Garbe, Burkhard: Ja es kommen kalte Zeiten. Beobachtungen zur poetischen Sprache Horváths in *Jugend ohne Gott*. In: Krischke (1984), S. 92–115.

Hasslinger, Adolf: Ödön von Horváths *Jugend ohne Gott* als Detektivroman. Ein Beitrag zur österreichischen Kriminalliteratur. In: Studien zur Literatur des 19. und 20. Jahrhunderts. Festschrift für Alfred Doppler zum 60. Geburtstag. Hrsg. v. J. Holzner, M. Klein, W. Wiesmüller, Innsbruck 1981, S. 197–204.

Hildebrandt, Dieter: Ödön von Horváth, mit Selbstzeugnissen und Bilddokumenten (rowohlts monographien). Reinbek 1975.

Hildebrandt, Dieter: Der Jargon der Uneigentlichkeit. Zur Sprache Ödön von Horváths. In: Akzente, Jahrg. 19 (1972), S. 109–123.

Holl, Adolf: Gott ist die Wahrheit oder: Horváths Suche nach der zweiten religiösen Naivität. In: Krischke (1984), S. 147–156.

Horkheimer, Max u. Adorno, Theodor: Dialektik der Aufklärung. Philosophische Fragmente. Frankfurt/Main 1986.

Iser, Wolfgang: Der Akt des Lesens. München 3. Aufl. 1990.

Jarka, Horst: Zur Horváth-Rezeption 1929–1938. In: Krischke (1981), S. 156–184.

Kadrnoska, Franz: Sozialkritik und Transparenz faschistischer Ideologeme in »Jugend ohne Gott«. In: Krischke (1984), S. 69–91.

Kaiser, Wolf: *Jugend ohne Gott* – ein antifaschistischer Roman? In: Krischke (1984), S. 48–68.

Kranzbühler, Bettina: Zitat-Technik und Leitwortstil in der Prosa Ödön von Horváths. München 1982.

Krischke, Traugott: Materialien zur Horváth-Forschung. Aspekte und Möglichkeiten. In: Krischke (1981), S. 202–218.

Krischke, Traugott: Aspekte und Möglichkeiten der Horváth-Forschung. Einige Materialien. In: Literatur und Kritik, H. 231/232 (1989), S. 1–10.

Lämmert, Eberhard: Bauformen des Erzählens. Stuttgart 8. Aufl. 1955/1989.

Lechner, Wolfgang: Zur Horváth-Rezeption seit 1945. In: Krischke (1981), S. 185–201.

Lurker, Manfred: Wörterbuch der Symbolik. Stuttgart 1988.

Müller-Funk, Wolfgang: Faschismus und freier Wille. Horváths Roman *Jugend ohne Gott* zwischen Zeitbilanz und Theodizee. In: Krischke (1984), S. 157–179.

Röttger, Brigitte: Auf der Suche nach den Idealen der Menschheit. Ödön von Horváths Roman *Jugend ohne Gott*. In: Text und Kontext, Zeitschrift für germanistische Literaturforschung in Skandinavien, Jg. 14 (1986), S. 70–119.

Rudolff, Holger: Zur Darstellung des Themas Schule und Faschismus in der deutschen Literatur. In: Krischke (1984), S. 180–197.

Schmelzer, Albert: Ödön von Horváth, *Jugend ohne Gott*. Ein Beitrag zum Deutschunterricht der Klasse 11. In: Erziehungskunst, Monatsschrift zur Pädagogik Rudolf Steiners. XVLII. Jg. (1983), S. 69–75.

Schröder, Jürgen: Das Spätwerk Ödön von Horváths. In: Krischke (1981), S. 125–155.

Schulte, Birgit: Ödön von Horváth – verschwiegen – gefeiert – glattgelobt. Analyse eines ungewöhnlichen Rezeptionsverlaufs. Bonn

1980. (Abhandlungen zu Kunst-, Musik- und Literaturwissenschaft Bd. 303.)
Steets, Angelika: Die Prosawerke Ödön von Horváths. Versuch einer Bedeutungsanalyse. München 1974. Daraus das 1. Kapitel: Erzähler und Erzählsituation bei Ödön von Horváth. In: Krischke (1981), S. 87–124.
Steets, Angelika, NS-Sprache in Horváths Romanen. In: Krischke (1989). S. 113–132.
Viehoff, Reinhold, »Neben Brecht einer der bedeutendsten deutschsprachigen Schriftsteller unseres Jahrhunderts«. Zur Rezeption Ödön von Horváths ... und zur Rezeptionsforschung. In: Krischke (1989), S. 190–219
Wiese, Benno von: Ödön von Horváth. In: Krischke (1981), S. 7–45.

Nach Abschluss des Manuskriptes bibliografisch erfasste Titel, die für die Interpretation und die unterrichtliche Umsetzung von Horváths *Jugend ohne Gott* von Interesse sein könnten:

Bance, Alan, The overcoming of the collective: *Jugend ohne Gott* as a drama. In: Sprachkunst 19 (1988), 2, S. 137–147.
Gamper, Herbert, Nach dem Sündenfall: die Söhne und Töchter Adams und Evas. In: Literatur und Kritik 24 (1989), S. 305–314.
Hiebel, Hans H., Sprachrealismus und Verfremdung: Ödön von Horváths Dramaturgie zwischen personaler und auktorialer Perspektivtechnik. In: The German Quarterly 67 (1994), S. 27–37.
Huish, Ian, »Was gehen mich deine Perversitäten an, du Sau?« Freud's place in Horváth's work; or ›psychoanalytisch hochinteressant‹. In: Sprachkunst 19 (1988) 2, S. 71–80.
Kadrnoska, Franz, Horváth und die Folgen? *Jugend ohne Gott* und die österreichische Vergangenheitsbewältigung fiktional – real. In: Sprachkunst 19 (1988) 2, S. 95–105.
Krückeberg, Edzard, Vom ›Leben in der Lüge‹ zum ›Leben in der Wahrheit‹. Zu Ödön von Horváths Roman *Jugend ohne Gott*. In: »[...] die in dem alten Haus der Sprache wohnen« (1993), S. 483–499.
Spies, Bernhard, Der Faschismus als Mordfall. Ödön von Horváths *Jugend ohne Gott*. In: Dusing, Wolfgang (Hrsg.): Experimente mit dem Kriminalroman. Ein Erzählmodell in der deutschsprachigen Literatur des 20. Jahrhunderts. (Studien zur deutschen Literatur des 19. und 20. Jahrhunderts 21) Frankfurt/M. (1992), S. 97–116.

Zeittafel zu Leben und Werk

(Grundlage für die Auswahl der Daten und Ereignisse aus Horváths Leben sind: Dieter Hildebrandt, Horváth (rowohlts monographien). Daten und Dokumente. In: Krischke (1981), S. 221–235 und Horváth-Chronik (Hrsg.) T. Krischke, Frankfurt/Main 1988:)

1901 9. Dezember: Edmund (Ödön) Josef Horváth wird als erster Sohn des ›Ministerial-Concepts-Adjuncten‹ Dr. Edmund Horváth (1874–1950) und der Oberstabsarzttochter Maria Hermine geb. Predhnal (1882–1959) in Susak, einem Vorort von Fiume, geboren.

1902 Die Familie zieht nach Belgrad, wo ein Jahr später auch der Bruder Lajo zur Welt kommt.

1908 Übersiedelung der Familie nach Budapest. Ödön erhält ersten Unterricht in ungarischer Sprache.

1909 Der Vater wird nach München versetzt, doch bleibt Ödön vorerst in Budapest und besucht dort das erzbischöfliche Internat (Rákóczianum). Strenge religiöse Erziehung.
Dr. Edmund Horváth wird in den Adelsstand erhoben.

1913/14 Ödön wird nach einer Erkrankung zu seinen Eltern nach München geholt, besucht dort zuerst das Wilhelmsgymnasium, wechselt aber bald an das Realgymnasium in der Siegfriedstraße.

1916 Wird er nach Pressburg (Bratislava) geschickt und besucht dort bis 1917/18 die Staatliche Oberrealschule. Erste ›literarische‹ Zeugnisse in Form von Gedichten.

1919 Ödön von Horváth kommt zu einem Onkel nach Wien, wo er das Abitur macht. Danach geht er wieder zurück nach München. Dort immatrikuliert er sich an der Ludwig-Maximilians-Universität und hört u. a. Psychologie, klassische deutsche Literatur, Literaturkritik, Übungen über das deutsche Theater und Drama sowie zur Theaterkritik.

1920 Ödön von Horváth beginnt Kurzgeschichten für den »Simplicissimus« zu schreiben.

1924 Nach der Exmatrikulation zieht Horváth zu seinen Eltern nach Murnau und entfaltet dort eine intensive schriftstellerische Arbeit, vernichtet aber später viele der Manuskripte aus dieser Zeit. Einige Sportmärchen wurden in Zeitungen und Zeitschriften abgedruckt. Horváth beschließt nach Berlin zu gehen.

1928 Es entstehen *Sladek oder Die schwarze Armee* und dessen Umarbeitung zu *Sladek, der schwarze Reichswehrmann.*

1929 Nach der sehr erfolgreichen Uraufführung von *Die Bergbahn* in Berlin bietet ihm der Ullstein-Verlag einen Vertrag und ein Fixum an. Im selben Jahr wird *Sladek, der schwarze Reichswehrmann* im Lessing-Theater uraufgeführt. Die Kritik ist enttäuscht.

1930 Horváth schreibt seinen ersten Roman, *Der ewige Spiesser*.

1931 Auf Anregung von Carl Zuckmayer erhält Horváth den Kleist-Preis.

1932 Horváth schreibt *Glaube Liebe Hoffnung*. Eine Autorenlesung und ein Interview im Bayerischen Rundfunk belegen Horváths wachsende Popularität.

1933 Das Jahr bringt den größten Einschnitt in Horváths Leben. Die geplante Uraufführung von *Glaube Liebe Hoffnung* wird von den Nationalsozialisten verhindert; außerdem durchsuchen sie das Haus der Eltern in Murnau. Daraufhin verlässt Ödön von Horváth Deutschland, wo er zur unerwünschten Person erklärt wird, und geht nach Österreich.

1935 Horváths finanzielle Lage verschlechtert sich zunehmend, da sich die großen Theater nicht mehr für seine Stücke interessieren.

1936 Horváth geht nach Henndorf bei Salzburg, wo er eine ganze Reihe von Theaterstücken vollendet. Er ist in Wien mit Zuckmayer, Franz Werfel und Theodor Csokor zusammen.

1937 Horváth schreibt seine beiden Romane *Jugend ohne Gott* und *Ein Kind unserer Zeit*, von denen der erste noch im selben Jahr erscheint und in zahlreiche Sprachen übersetzt wird.

1938 Horváth kehrt von Henndorf nach Wien zurück, aber die politische Situation wird immer schwieriger. Viele seiner Freunde verlassen Wien; schließlich auch er. Horváth reist zuerst nach Budapest und dann an seinen Geburtsort Fiume. Am 28. Mai kommt er in Paris an, wo er mit Robert Siodmak über eine Verfilmung von *Jugend ohne Gott* spricht. Am 1. Juni wird Horváth auf dem Heimweg von einem herabstürzenden Ast erschlagen. Am 7. Juni ist die Beisetzung auf dem Friedhof St. Quen im Norden von Paris.

Raum für Notizen:

Raum für Notizen:

Raum für Notizen: